신묘장구대다라니사경 (해인도)

시작 ▶

나모라 다나다라 야야 나막알약 바로기제새바라야 모지사다바야 마하사다바야 마하가로 니가야 옴 살바 바예수 다라나 가라야 다사명 나막 가리다바 이맘 알야 바로기제 새바라 다바 이라간타 나막 하리나야 마발다 이사미 살발타 사다남 수반 아예염 살바 보다남 바바말아 미수다감 다냐타 옴 아로계 아로가 마지로가 지가란제 혜혜하례 마하모지 사다바 사마라 사마라 하리나야 구로 구로 갈마 사다야 사다야 도로도로 미연제 마하미연제 다라다라 다린나례 새바라 자라자라 마라 미마라 아마라 몰제 예혜혜 로계새바라 라아 미사미 나사야 나베사 미사미 나사야 모하자라 미사미 나사야 호로호로 마라호로 하례 바나마 나바 사라사라 시리시리 소로소로 못자못자 모다야 모다야 매다리야 니라간타 가마사 날사남 바라 하라나야 마낙 사바하 싯다야 사바하 마하싯다야 사바하 싯다 유예 새바라야 사바하 니라 간타야 사바하 바라하 목카 싱하 목카야 사바하 바나마 하따야 사바하 자가라 욕다야 사바하 상카 섭나네 모다나야 사바하 마하라 구타 다라야 사바하 바마사간타 이사 시체다 가릿나 이나야 사바하 먀가라잘마 이바사나야 사바하 나모라 다나다라 야야 나막알야 바로기제 새바라야 사바하

발원문: _____ 생 성명: _____ 디자인 등록 귀룡문화원

신묘장구대다라니사경 (해인도)

시작 ▷

신묘장구대다라니사경 (해인도)

시작 ▷

나모라 다나 다라 야야 나막알약 바로 모지 사다 바야 마하 사다 바야 마하
하 바 사 야 라 바 새 체 기 로 바 야 로 야 사 야 나 사 바 이 마 잘 리 가 먀 하 가
하 례 마 하 모 지 사 다 바 사 마 라 알 기 라 바 사 체 다 가 릿 나 이 나 야 사 바 로
혜 로 구 로 야 나 리 하 라 마 사 막 제 새 바 하 사 니 타 간 사 마 바 하 바 사 야 니
혜 갈 마 사 다 야 사 다 야 도 로 도 나 야 야 라 야 사 바 하 마 하 릭 구 타 다 라 가
제 다 제 연 미 하 마 제 연 미 로 다 나 나 다 모 녜 나 섭 카 상 하 바 야
란 라 다 라 다 린 나 례 새 바 라 자 라 자 나 모 사 바 하 자 가 릭 욕 다 야 사 옴
가 지 가 로 지 마 가 로 아 계 미 라 마 라 다 라 야 리 가 나 라 다 수 예 바 바 살
로 마 따 야

아 미 수 다 감 다 냐 타 옴 아 라 쟈 모 바 나 마 하 다 사 명 나 막 가 리 다 바 이
말 계 로 혜 혜 예 제 몰 라 마 아 못 다 하 바 사 야 카 목 하 싱 카 목 하 리 바 맘
바 새 바 라 아 미 사 미 나 사 쟈 야 바 하 니 라 간 타 야 사 바 하 알
바 모 야 사 나 미 사 미 사 베 나 야 못 모 다 야 매 사 야 라 바 새 예 유 다 신 하 야
남 하 자 라 미 사 미 나 사 야 호 로 로 다 발 마 다 야 사 바 하 마 하 싣 다 야 사 바
다 마 나 바 례 하 로 호 라 마 로 호 소 이 야 리 싣 하 바 사 낙 마 야 나 라 하 리 로
보 남 바 사 라 사 라 시 리 시 리 소 로 사 나 야 니 라 간 타 가 마 사 날 사 남 바 기
바 살 염 예 아 반 수 남 다 사 타 발 살 미 리 하 막 나 타 간 리 니 바 다 라 바 새 체

발원문: _____ 생 성명: _____ 디자인 등록 귀룡문화원

신묘장구대다라니사경 (해인도)

시작 ▷

나모라 다나 다라 야야 나막 알약 바 모지 사다 바야 마하 사다 바야 마하
◎하 바사 야라 바새 체기 로바 야 로 야 사야 나 사바 이마 잘라 가먀 하 가
하례 마하 모지 사다 바 사마 라 알기 라 바 사체 다가 릿나 이 나야 사바 로
혜 로 구 로 구야 나리 하라 마 사 막 제새 바 하 사니 타간 사마 바하 바사 야 니
혜 갈 마 사다 야 사다 야 도 로 도 냐야 라 ◎야 사바 하 마하 리 구타 다라 가
제 다 제 연 미하 마 제 연 미 로 다 나다 모녜 나 섭카 상하 바 야
란 라 다 라 다 린 나 레 새 바 라 자 라 자 나 모 사바 하 자가 라 욕 다야 사 옴
가 지 가 로 지 마 가 로 아 제 미 라 마 라 다 라 야 리 가 나라 다 수 예 바 바 살
로 마 따 야

아 미 수 다 감 다 냐 타 옴 아 라 쟈 모 바 나마 하 다 사명 나막 가리 다 바 이
말 제 로 혜 혜 예 제 몰 라 마 아 못 다 하 바사 야 카 목하 싱카 목하 라바 맘
바 새 바 라 라 아 미 사 미 나 사 쟈 야 바 하 니라 간 타야 사바 하 알
바 모 야 사 나 미 사 미 사 베 나 야 못 모 다 야 매 사야 라 바새 예 유다 실 하바 야
남 하 자 라 미 사 미 나 사 야 호 로 로 다 발 마 다 야 사바 하 마하 실다 야 사 바
다 마 나 바 례 하 로 호 라 마 로 호 소 이 야리 실하 바사 낙 마야 나 라 하 라 로
보 나 바 사 라 사 라 시 리 시 리 소 로 사 나야 니라 간타 가 마 사 날 사남 바 기
바 살 염 예 아 반 수 남 다 사 타 발 살 미 리하 막 나타 간 리니 바다 라 바 새 체

발원문:＿＿＿＿＿＿＿＿＿＿＿＿＿＿＿＿＿＿＿＿＿＿＿＿＿＿＿＿＿＿＿＿＿ 생 성명:＿＿＿＿＿＿＿＿＿＿＿ 디자인 등록 귀롱문화원

신묘장구대다라니사경 (해인도)

시작 ▷

나모라 다나다라 야야 나막알약 바로 기리바 하례 마하 모지사다바 사마라 알기 모지사다바야 마하사다바야 마하가로 니가야 옴 살바 바예수 다라나가라야 다사명 나막 가리다바 이맘알야 바로기제 새바라 다바 니라간타 나막 하리나야 마발다 이사미 살발타 사다남 수반 아예염 살바 보다남 바바말아 미수다감 다냐타 옴 아로계 아로가 마지로가 지가란제 혜혜하례 마하모지사다바 사마라 사마라 하리나야 구로구로 갈마 사다야 사다야 도로도로 미연제 마하미연제 다라다라 다린나례 새바라 자라자라 마라 미마라 아마라 몰제 예혜혜 로계새바라 라아미사미 나사야 나베사미사미 나사야 모하자라 미사미 나사야 호로호로 마라호로 하례 바나마 나바 사라사라 시리시리 소로소로 못자못자 모다야 모다야 매다리야 니라간타 가마사 날사남 바라 하라나야 마낙 사바하 싯다야 사바하 마하싯다야 사바하 싯다유예 새바라야 사바하 니라간타야 사바하 바라하 목카싱하 목카야 사바하 바나마 하따야 사바하 자가라 욕다야 사바하 상카 섭나녜 모다나야 사바하 마하라 구타다라야 사바하 바마사간타 이사시체다 가릿나 이나야 사바하 먀가라 잘마이바 사나야 사바하 나모라 다나다라 야야 나막알야 바로기제 새바라야 사바하

발원문: _____ 생 성명: _____ 디자인 등록 귀룡문화원

신묘장구대다라니사경 (해인도)

시작 ▷

나모라다나다라야야나막알약 모지사다바야마하사다바야마하
하바사야라바새제기로바야 로 야사야나사바이마잘라가먀하 가
하례마하모지사다바사마라알기 라 사체다가릿나이나야사 로
혜로구로야나리하라마사 막 제새바 하 사니라간사마바하바사야 니
혜갈마사다야사다야도로도 나야야라 야사바하마하라구타다라 가
제다제연미하마제연미로 다 나다모녜나섭카상하바 야
란라다라다린나례새바라자라자 나 사바하자가라욱다야사 옴
가지가로지마가로아제미라마라 모 야라가나라다수예바바 살
로마 따야
아미수다감다나타옴아라 쟈모 바나마하다사명나막가리다바 이
말계로혜혜예제몰라마아 못다 하바사야카목하싱카목하라바 맘
바새바리라아미사미나사 쟈야 바하니라간타야사바하 알
바모야사나미사미사베나야 못모다야매 사야라바새예유다싣하바 야
남하자라미사미나사야호로 로 다발마 다야사바하마하싣다야사 바
다마나바례하로호라마로호소 이 야리싣하바사낙먀야나라하라 로
보나바사라사라시리시리소로 사 나야니라간타가마사날사남바 기
바살염예아반수남다사타발살미 리하막나라간라니바다라바새제

신묘장구대다라니사경 (해인도)

신묘장구대다라니사경 (해인도)

시작 ▷

나모라 다나다라 야야 나막알약 바로 모지사다바야 마하사다바야 마하
◎하바사야라바새제기로바야 로 야사야나사바이마잘라가마하 가
하례마하모지사다바사마라 알기 라 바시체다가릿니이나야사 로
혜로구로야나리하리마사 막 제새 바 하사니라간사마바하바사야 니
혜갈마사다야사다야도로도 나야야리◎야사바하마하리구라다라 가
제다제연미하마제연미로 다나 나다모녜나섭카상하바 야
란라다라다린나례새바라자라자 나모 사바하자가라욕다야사 옴
가지가로지마가로아계미라마라 다라 야리가나라다수예바바 살
　　　　　　　　　　 로마 　　　　　따야

아미수다감다나타옴아라 쟈모 바나마하 다사명나막가리다바이
말계로혜혜예제몰라마아 못다 하바사야카목하싱카목하라바 맘
바새바리라아미사미나사 쟈야 　바하니라간타야사바하 알
바모야사나미사미사베나야 못 모다야 매사야라바새예유다싣하바 야
남하자라미사미나사야호로 로 다발마다 다야사바하마하싣다야사 바
다마나바례하로호라마로호소 이 야리싣하바사낙마야나라하라 로
보남바사라사라시리시리소로 사 나야니라간타가마사날사남바 기
바살염예아반수남다사타발살미 리하막나타간라니바다라바새제

발원문 : ＿＿＿＿＿＿＿＿＿＿＿＿＿＿＿＿＿＿＿＿＿＿＿＿＿＿＿＿＿ 　　생　　 성명 : ＿＿＿＿＿＿＿＿＿＿＿ 디자인 등록 귀룡문화원

신묘장구대다라니사경 (해인도)

시작 ▷

나모라 다나다라 야야 나막알약 바로기제새바라야 모지사다바야 마하사다바야 마하가로니가야 옴 살바 바예수 다라나 가라야 다사명 나막 가리다바 이맘 알야 바로기제 새바라 다바 니라간타 나막 하리나야 마발다 이사미 살발타 사다남 수반 아예염 살바 보다남 바바말아 미수다감 다냐타 옴 아로계 아로가 마지로가 지가란제 혜혜하례 마하모지 사다바 사마라 사마라 하리나야 구로구로 갈마 사다야 사다야 도로도로 미연제 마하 미연제 다라다라 다린 나례새바라 자라자라 마라 미마라 아마라 몰제 예혜혜 로계새바라 라아 미사미 나사야 나베 사미사미 나사야 모하자라 미사미 나사야 호로호로 마라호로 하례 바나마 나바 사라사라 시리시리 소로소로 못쟈못쟈 모다야 모다야 매다리야 니라간타 가마사 날사남 바라 하라나야 마낙 사바하 싯다야 사바하 마하싯다야 사바하 싯다유예 새바라야 사바하 니라간타야 사바하 바라하 목카싱하 목카야 사바하 바나마 하따야 사바하 자가라 욕다야 사바하 상카섭나녜 모다나야 사바하 마하라 구타다라야 사바하 바마사간타 이사시체다 가릿나 이나야 사바하 먀가라 잘마이바 사나야 사바하 나모라 다나다라 야야 나막알야 바로기제 새바라야 사바하

발원문: _____ 생 성명: _____ 디자인 등록 귀룡문화원

신묘장구대다라니사경 (해인도)

시작 ▷

나모라 다나다라 야야 나막 알약 바로기제 새바라야 모지사다바야 마하사다바야 마하가로 니가야 옴 살바 바예수 다라나 가라야 다사명 나막 까리다바 이맘 알야 바로기제 새바라 다바 니라간타 나막 하리나야 마발다 이사미 살발타 사다남 수반 아예염 살바 보다남 바바말아 미수다감 다냐타 옴 아로계 아로가 마지로가 지가란제 혜혜 하례 마하모지 사다바 사마라 사마라 하리나야 구로구로 갈마 사다야 사다야 도로도로 미연제 마하 미연제 다라다라 다린 나례 새바라 자라자라 마라 미마라 아마라 몰제 예혜혜 로계 새바라 라아 미사미 나사야 나베 사미사미 나사야 모하 자라 미사미 나사야 호로호로 마라호로 하례 바나마 나바 사라사라 시리시리 소로소로 못쟈 못쟈 모다야 모다야 매다리야 니라간타 가마사 날사남 바라 하라나야 마낙 사바하 싯다야 사바하 마하 싯다야 사바하 싯다 유예 새바라야 사바하 니라간타야 사바하 바라하 목카 싱카목카야 사바하 바나마 하따야 사바하 자가라 욕다야 사바하 상카 섭나네 모다나야 사바하 마하라 구타다라야 사바하 바마사간타 이사 시체다 가릿나 이나야 사바하 먀가라 잘마 이바사나야 사바하 나모라 다나다라 야야 나막알야 바로기제 새바라야 사바하

발원문 : _____ 생 성명 : _____ 디자인 등록 귀룡문화원

신묘장구대다라니사경 (해인도)

신묘장구대다라니사경 (해인도)

시작 ▷

나모라 다나다라 야야 나막 알약 바로 기제 새바라 야 모지 사다바야 마하 사다바야 마하가로 니가야 옴 살바 바예수 다라나 가라야 다사명 나막 가리다바 이맘 알야 바로기제 새바라 다바 니라간타 나막 하리나야 마발다 이사미 살발타 사다남 수반 아예염 살바 보다남 바바말아 미수다감 다냐타 옴 아로계 아로가 마지로가 지가란제 혜혜 하례 마하모지 사다바 사마라 사마라 하리나야 구로구로 갈마 사다야 사다야 도로도로 미연제 마하미연제 다라다라 다린 나례새바라 자라자라 마라 미마라 아마라 몰제 예혜혜 로계새바라 라아 미사미 나사야 나베 사미 사미 나사야 모하 자라 미사미 나사야 호로호로 마라호로 하례 바나마 나바 사라사라 시리시리 소로소로 못자못자 모다야 모다야 매다리야 니라간타 가마사 날사남 바라 하리나야 마낙 사바하 싯다야 사바하 마하싯다야 사바하 싯다유예 새바라야 사바하 니라간타야 사바하 바라하 목카 싱하 목카야 사바하 바나마 하따야 사바하 자가라 욕다야 사바하 상카 섭나녜 모다나야 사바하 마하 라구타 다라야 사바하 바마사간타 이사 시체다 가릿나 이나야 사바하 먀가라 잘마 이바 사나야 사바하 나모라 다나다라 야야 나막알야 바로 기제 새바라야 사바하

발원문 : _____ 생 성명 : _____ 디자인 등록 귀룡문화원

신묘장구대다라니사경 (해인도)

시작 ▷

나모라 다나다라 야야 나막알약 바로기제새바라야 모지사다바야 마하사다바야 마하가로니가야 옴 살바 바예수 다라나 가라야 다사명 나막 까리다바 이맘 알야 바로기제 새바라 다바 니라간타 나막 하리나야 마발다 이사미 살발타 사다남 수반 아예염 살바 보다남 바바말아 미수다감 다냐타 옴 아로계 아로가 마지로가 지가란제 혜혜 하례 마하모지 사다바 사마라 사마라 하리나야 구로구로 갈마 사다야 사다야 도로도로 미연제 마하미연제 다라다라 다린 나례새바라 자라자라 마라 미마라 아마라 몰제 예혜혜 로계새바라 라아 미사미 나사야 나베사미사미 나사야 모하자라 미사미 나사야 호로호로 마라호로 하례 바나마 나바 사라사라 시리시리 소로소로 못자못자 모다야 모다야 매다리야 니라간타 가마사 날사남 바라하리나야 마낙 사바하 싯다야 사바하 마하싯다야 사바하 싯다유예 새바라야 사바하 니라간타야 사바하 바라하 목카싱카목카 야사 사바하 바나마 하따야 사바하 자가라 욕다야 사바하 샹카섭나녜 모다나야 사바하 마하라 구타다라야 사바하 바마사 간타이사 시체다 가릿나 이나야 사바하 마가라 잘마 이바사나야 사바하 나모라 다나다라 야야 나막알야 바로기제 새바라야 사바하

발원문: _____ 생 _____ 성명: _____ 디자인 등록 귀룡문화원

신묘장구대다라니사경 (해인도)

시작 ▷

신묘장구대다라니사경 (해인도)

시작 ▷

나모라 다나다라 야야 나막 알약 바로기제 새바라야 모지 사다바야 마하사다바야 마하가로 니가야 옴 살바 바예수 다라나 가라야 다사명 나막 까리다바 이맘 알야 바로기제 새바라 다바 니라간타 나막 하리나야 마발다 이사미 살발타 사다남 수반 아예염 살바 보다남 바바말아 미수다감 다냐타 옴 아로계 아로가 마지로가 지가란제 혜혜하례 마하모지 사다바 사마라 사마라 하리나야 구로구로 갈마 사다야 사다야 도로도로 미연제 마하미연제 다라다라 다린 나례새바라 자라자라 마라 미마라 아마라 몰제 예혜혜 로게 새바라 라아 미사미 나사야 나베사 미사미 나사야 모하자라 미사미 나사야 호로호로 마라호로 하례 바나마 나바 사라사라 시리시리 소로소로 못자못자 모다야 모다야 매다리야 니라간타 가마사 날사남 바라 하라나야 마낙 사바하 싣다야 사바하 마하싣다야 사바하 싣다 유예 새바라야 사바하 니라간타야 사바하 바라하 목카싱하 목카야 사바하 바나마 하따야 사바하 자가라 욕다야 사바하 상카섭나네 모다나야 사바하 마하라 구타다라야 사바하 바마사간타 이사시체다 가릿나 이나야 사바하 먀가라잘마 이바사나야 사바하

나모라 다나다라 야야 나막 알야 바로기제 새바라야 사바하

발원문: _____ 생 성명: _____ 디자인 등록 귀룡문화원

신묘장구대다라니사경 (해인도)

시작 ▷

나모라 다나 다라 야야 나막알약 바로기제 새바라야 모지 사다바야 마하 사다바야 마하가로 니가야 옴 살바 바예수 다라나 가라야 다사명 나막 가리다바 이맘 알야 바로기제 새바라 다바 니라간타 나막 하리나야 마발다 이사미 살발타 사다남 수반 아예염 살바 보다남 바바말아 미수다감 다냐타 옴 아로계 아로가 마지로가 지가란제 혜혜하례 마하모지 사다바 사마라 사마라 하리나야 구로구로 갈마 사다야 사다야 도로도로 미연제 마하미연제 다라다라 다린 나례 새바라 자라자라 마라 미마라 아마라 몰제 예혜혜 로계새바라 라아 미사미 나사야 나베 사미사미 나사야 모하자라 미사미 나사야 호로호로 마라호로 하례 바나마 나바 사라사라 시리시리 소로소로 못쟈못쟈 모다야 모다야 매다리야 니라간타 가마사 날사남 바라 하리나야 마낙 사바하 싯다야 사바하 마하 싯다야 사바하 싯다 유예 새바라야 사바하 니라간타야 사바하 바라하 목카싱카목카야 사바하 바나마 하따야 사바하 자가라 욕다야 사바하 상카섭나녜 모다나야 사바하 마하라 구타다라야 사바하 바마 사간타 이사 시체다 가릿나 이나야 사바하 먀가라 잘마 이바 사나야 사바하

발원문:_____ 생 성명:_____ 디자인 등록 귀롱문화원

신묘장구대다라니사경 (해인도)

시작 ▷

나모라 다나다라 야야 나막 알약 바로기제 새바라야 모지 사다바야 마하 사다바야 마하가로 니가야 옴 살바 바예수 다라나 가라야 다사명 나막 까리다바 이맘 알야 바로기제 새바라 다바 니라간타 나막 하리나야 마발다 이사미 살발타 사다남 수반 아예염 살바 보다남 바바말아 미수다감 다냐타 옴 아로계 아로가 마지로가 지가란제 혜혜 하례 마하모지 사다바 사마라 사마라 하리나야 구로구로 갈마 사다야 사다야 도로도로 미연제 마하 미연제 다라다라 다린나례 새바라 자라자라 마라 미마라 아마라 몰제 예혜혜 로게 새바라 라아 미사미 나사야 나베 사미사미 나사야 모하 자라 미사미 나사야 호로호로 마라호로 하례 바나마 나바 사라사라 시리시리 소로소로 못자못자 모다야 모다야 매다리야 니라간타 가마사 날사남 바라 하라나야 마낙 사바하 싯다야 사바하 마하 싯다야 사바하 싯다유예 새바라야 사바하 니라간타야 사바하 바라하 목카싱하 목카야 사바하 바나마 하따야 사바하 자가라 욕다야 사바하 상카 섭나녜 모다나야 사바하 마하라 구타다라야 사바하 바마사간타 이사시체다 가릿나 이나야 사바하 먀가라 잘마 이바사나야 사바하 나모라 다나다라 야야 나막알야 바로기제 새바라야 사바하

발원문: _____ 생 성명: _____ 디자인 등록 귀룡문화원

신묘장구대다라니사경 (해인도)

시작 ▷

나모라 다나다라 야야 나막알약 바로기제새바라야 모지사다바야 마하사다바야 마하가로니가야 옴 살바 바예수 다라나 가라야 다사명 나막 까리다바 이맘 알야 바로기제 새바라 다바 니라간타 나막 하리나야 마발다 이사미 살발타 사다남 수반 아예염 살바 보다남 바바말아 미수다감 다냐타 옴 아로계 아로가 마지로가 지가란제 혜혜 하례 마하모지 사다바 사마라 사마라 하리나야 구로구로 갈마 사다야 사다야 도로도로 미연제 마하미연제 다라다라 다린나례 새바라 자라자라 마라 미마라 아마라 몰제 예혜혜 로계새바라 라아 미사미 나사야 나베 사미사미 나사야 모하 자라 미사미 나사야 호로호로 마라 호로 하례 바나마나바 사라사라 시리시리 소로소로 못쟈못쟈 모다야 모다야 매다리야 니라간타 가마사 날사남 바라 하라나야 마낙 사바하 싯다야 사바하 마하싯다야 사바하 싯다유예 새바라야 사바하 니라간타야 사바하 바라하 목카 싱하목카야 사바하 바나마 하따야 사바하 자가라 욕다야 사바하 상카섭나녜 모다나야 사바하 마하라 구타다라야 사바하 바마사간타 이사시체다 가릿나 이나야 사바하 먀가라잘마 이바사나야 사바하 나모라 다나다라 야야 나막알야 바로기제 새바라야 사바하

발원문: _____ 생 성명: _____ 디자인 등록 귀룡문화원

신묘장구대다라니사경 (해인도)

시작 ▷

나모라 다나다라 야야 나막알약 바로기제새바라야 모지사다바야 마하사다바야 마하가로니가야 옴 살바 바예수 다라나 가라야 다사명 나막 까리다바 이맘 알야 바로기제 새바라 다바 니라간타 나막 하리나야 마발다 이사미 살발타 사다남 수반 아예염 살바 보다남 바바말아 미수다감 다냐타 옴 아로계 아로가 마지로가 지가란제 혜혜하례 마하모지 사다바 사마라 사마라 하리나야 구로구로 갈마 사다야 사다야 도로도로 미연제 마하미연제 다라다라 다린 나례새바라 자라자라 마라 미마라 아마라 몰제 예혜혜 로게새바라 라아 미사미 나사야 나베 사미사미 나사야 모하자라 미사미 나사야 호로호로 마라 호로하례 바나마 나바 사라사라 시리시리 소로소로 못자못자 모다야 모다야 매다리야 니라간타 가마사 날사남 바라 하리나야 마낙 사바하 싯다야 사바하 마하 싯다야 사바하 싯다유예 새바라야 사바하 니라간타야 사바하 바라하 목카 싱하 목카야 사바하 바나마 하따야 사바하 자가라 욕다야 사바하 상카 섭나녜 모다나야 사바하 마하라 구타 다라야 사바하 바마사간타 이사시체다 가릿나 이나야 사바하 먀가라 잘마 이바사나야 사바하 나모라 다나다라 야야 나막알야 바로기제 새바라야 사바하

발원문 : _____ 생 _____ 성명: _____ 디자인 등록 귀룡문화원

신묘장구대다라니사경 (해인도)

시작 ▷

나모라 다나다라 야야 나막알약 바로기제새바라야 모지사다바야 마하사다바야 마하가로니가야 옴 살바바예수 다라나 가라야 다사명 나막 까리다바 이맘 알야 바로기제 새바라 다바 니라간타 나막 하리나야 마발다 이사미 살발타 사다남 수반 아예염 살바 보다남 바바말아 미수다감 다냐타 옴 아로계 아로가 마지로가 지가란제 혜혜 하례 마하모지 사다바 사마라 사마라 하리나야 구로구로 갈마 사다야 사다야 도로도로 미연제 마하미연제 다라다라 다린나례 새바라 자라자라 마라 미마라 아마라 몰제 예혜혜 로게새바라 라아 미사미 나사야 나베 사미사미 나사야 모하자라 미사미 나사야 호로호로 마라호로 하례 바나마나바 사라사라 시리시리 소로소로 못자못자 모다야모다야 매다리야 니라간타 가마사 날사남 바라하리 나야마낙 사바하 싣다야 사바하 마하 싣다야 사바하 싣다유예 새바라야 사바하 니라간타야 사바하 바라하 목카싱카 목카야 사바하 바나마 하따야 사바하 자가라 욕다야 사바하 상카 섭나녜 모다나야 사바하 마하라 구타다라야 사바하 바마 사간타 이사시체 다가릿나 이나야 사바하 먀가라잘마 이바사나야 사바하

발원문 : _____ 생 ___ 성명: _____ 디자인 등록 귀룡문화원

신묘장구대다라니사경 (해인도)

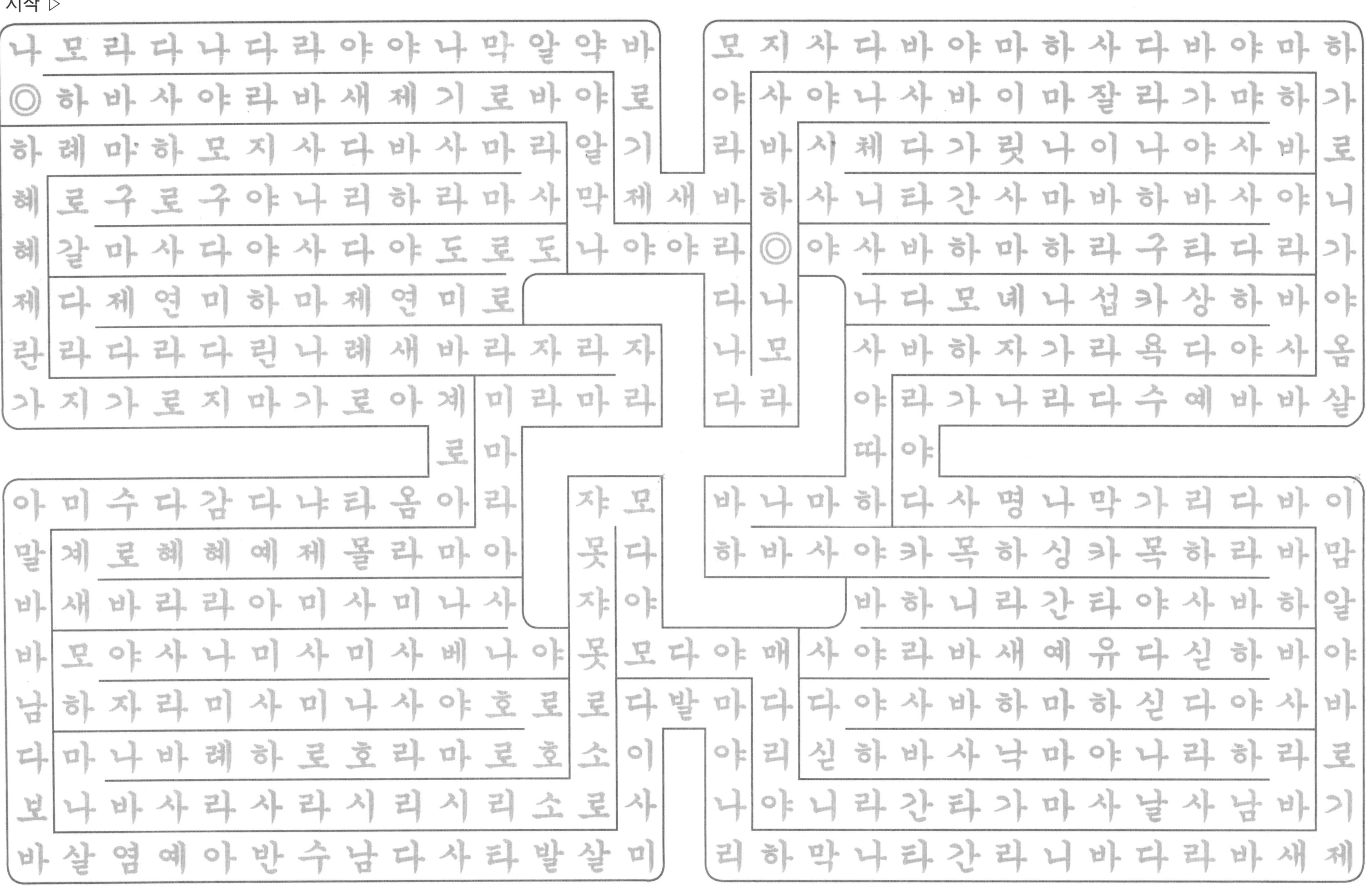

신묘장구대다라니사경 (해인도)

신묘장구대다라니사경 (해인도)

시작 ▷

나모라 다나다라 야야 나막알약 바로기제 새바라야 모지 사다바야 마하 사다바야 마하가로 니가야 옴 살바 바예수 다라나 가라야 다사명 나막 가리다바 이맘 알야 바로기제 새바라 다바 니라간타 나막 하리나야 마발다 이사미 살발타 사다남 수반 아예염 살바 보다남 바바말아 미수다감 다냐타 옴 아로계 아로가 마지로가 지가란제 혜혜하례 마하모지 사다바 사마라 사마라 하리나야 구로 구로 갈마 사다야 사다야 도로도로 미연제 마하미연제 다라다라 다린 나례 새바라 자라자라 마라 미마라 아마라 몰제 예혜혜 로계새바라 라아 미사미 나사야 나베사 미사미 나사야 모하자라 미사미 나사야 호로 호로 마라 호로 하례 바나마나바 사라사라 시리시리 소로소로 못자 못자 모다야 모다야 매다리야 니라간타 가마사 날사남 바라 하라나야 마낙 사바하 싯다야 사바하 마하싯다야 사바하 싯다유예 새바라야 사바하 니라간타야 사바하 바라하 목카싱하 목카야 사바하 바나마 하따야 사바하 자가라 욕다야 사바하 상카 섭나녜 모다나야 사바하 마하라 구타다라야 사바하 바마사간타 이사시체다 가릿나 이나야 사바하 먀가라잘마 이바사나야 사바하 나모라 다나다라 야야 나막알야 바로기제 새바라야 사바하

신묘장구대다라니사경 (해인도)

시작 ▷

나모라 다나다라 야야 나막알약 바로기제새바라야 모지사다바야 마하사다바야 마하가로 니가야 옴 살바 바예수 다라나 가라야 다사명 나막 가리다바 이맘 알야 바로기제 새바라 다바 니라간타 나막 하리나야 마발다 이사미 살발타 사다남 수반 아예염 살바 보다남 바바말아 미수다감 다냐타 옴 아로계 아로가 마지로가 지가란제 혜혜하례 마하모지 사다바 사마라 사마라 하리나야 구로구로 갈마 사다야 사다야 도로도로 미연제 마하 미연제 다라다라 다린나례 새바라 자라자라 마라 미마라 아마라 몰제 예혜혜 로계새바라 라아 미사미 나사야 나베사 미사미 나사야 모하자라 미사미 나사야 호로호로 마라호로 하례 바나마 나바 사라사라 시리시리 소로소로 못쟈못쟈 모다야모다야 매다리야 니라간타 가마사 날사남 바라 하라나야 마낙 사바하 싯다야 사바하 마하 싯다야 사바하 싯다 유예새바라야 사바하 니라간타야 사바하 바라하 목카싱하 목카야 사바하 바나마 하따야 사바하 자가라 욕다야 사바하 상카섭나녜 모다나야 사바하 마하라 구타다라야 사바하 바마사간타 이사시체다 가릿나 이나야 사바하 먀가라 잘마 이바사나야 사바하 나모라 다나다라 야야 나막알야 바로기제 새바라야 사바하

발원문 :   생 성명 :   디자인 등록 귀룡문화원

신묘장구대다라니사경 (해인도)

시작 ▷

나모라 다나다라 야야 나막알약 바로기제새바라야 모지 사다바야 마하 사다바야 마하가로 니가야 옴 살바 바예수 다라나 가라야 다사명 나막 가리다바 이맘 알야 바로기제 새바라 다바 니라간타 나막 하리나야 마발다 이사미 살발타 사다남 수반 아예염 살바 보다남 바바말아 미수다감 다냐타 옴 아로계 아로가 마지로가 지가란제 혜혜하례 마하모지 사다바 사마라 사마라 하리나야 구로구로 갈마 사다야 사다야 도로도로 미연제 마하미연제 다라다라 다린 나례새바라 자라자라 마라 미마라 아마라 몰제 예혜혜 로계새바라 라아 미사미 나사야 나베 사미사미 나사야 모하 자라 미사미 나사야 호로호로 마라호로 하례 바나마 나바 사라사라 시리시리 소로소로 못쟈못쟈 모다야 모다야 매다리야 니라간타 가마사 날사남 바라하라나야 마낙 사바하 싯다야 사바하 마하싯다야 사바하 싯다유예 새바라야 사바하 니라간타야 사바하 바라하 목카 싱하 목카야 사바하 바나마 하따야 사바하 자가라 욕다야 사바하 상카섭나녜 모다나야 사바하 마하라 구타다라야 사바하 바마사간타 이사시체다 가릿나 이나야 사바하 먀가라잘마 이바사나야 사바하 나모라 다나다라 야야 나막알야 바로기제 새바라야 사바하

발원문 : _____ 생 성명: _____ 디자인 등록 귀룡문화원

신묘장구대다라니사경 (해인도)

시작 ▷

나모라 다나다라 야야 나막알약 바로기제새바라야 모지사다바야 마하사다바야 마하가로니가야 옴 살바 바예수 다라나 가라야 다사명 나막 가리다바 이맘알야 바로기제 새바라 다바 니라간타 나막 하리나야 마발다 이사미 살발타 사다남 수반 아예염 살바 보다남 바바말아 미수다감 다냐타 옴 아로계 아로가 마지로가 지가란제 혜혜하례 마하모지 사다바 사마라 사마라 하리나야 구로구로 갈마 사다야 사다야 도로도로 미연제 마하 미연제 다라다라 다린 나례새바라 자라자라 마라 미마라 아마라 몰제 예혜혜 로계새바라 라아 미사미 나사야 나베사 미사미 나사야 모하자라 미사미 나사야 호로호로 마라호로 하례 바나마 나바 사라사라 시리시리 소로소로 못쟈못쟈 모다야모다야 매다리야 니라간타 가마사 날사남 바라 하라나야 마낙 사바하 싯다야 사바하 마하싯다야 사바하 싯다유예 새바라야 사바하 니라간타야 사바하 바라하 목카 싱하 목카야 사바하 바나마 하따야 사바하 자가라 욕다야 사바하 상카 섭나녜 모다나야 사바하 마하라 구타다라야 사바하 바마사간타 이사 시체다 가릿나 이나야 사바하 먀가라잘마 이바사나야 사바하 나모라 다나다라 야야 나막알야 바로기제 새바라야 사바하

발원문: _____ 생 성명: _____ 디자인 등록 귀룡문화원

신묘장구대다라니사경 (해인도)

신묘장구대다라니사경 (해인도)

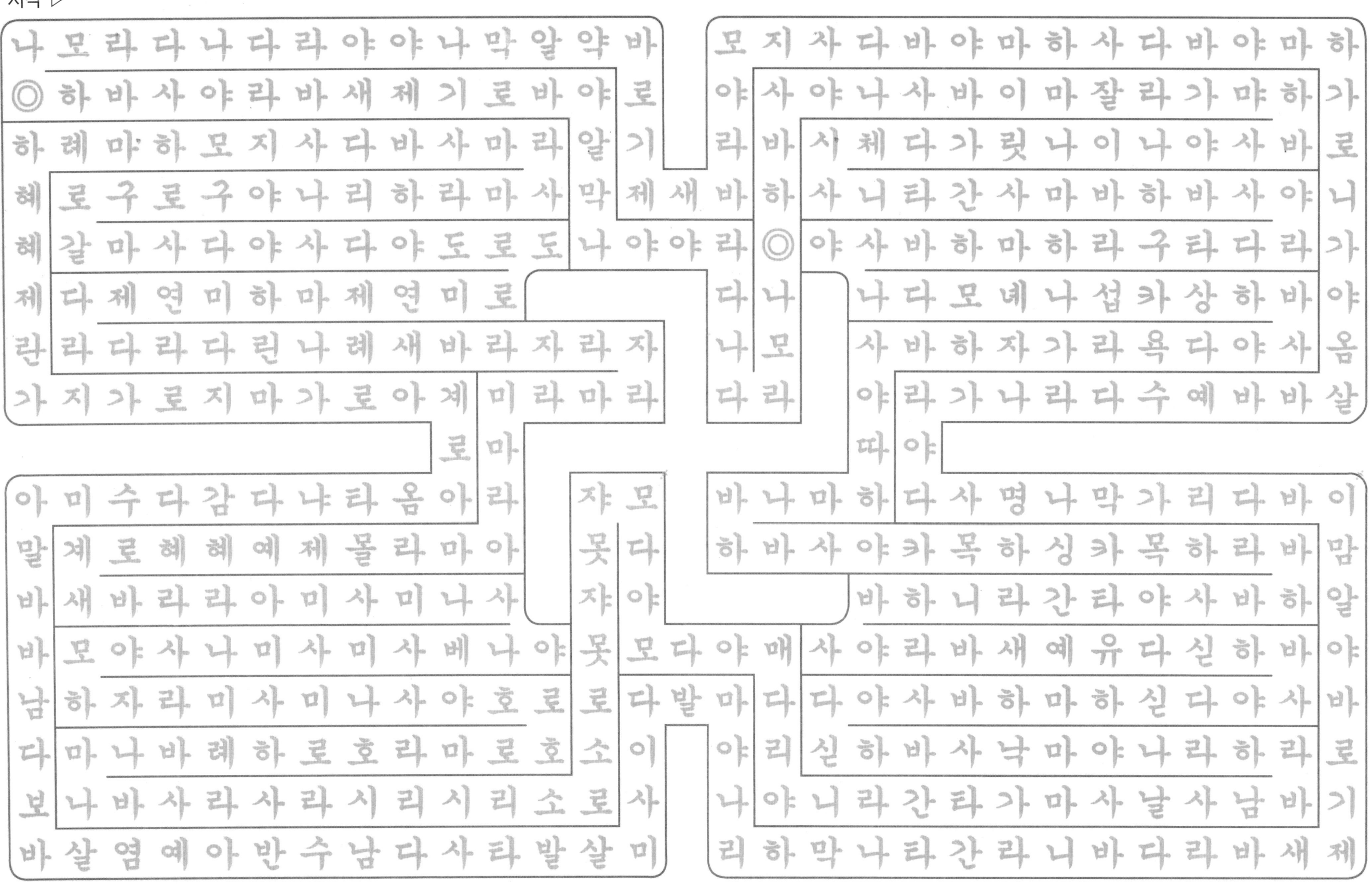

신묘장구대다라니사경 (해인도)

시작 ▷

나모라 다나다라 야야 나막알약 바로기제새바라야 모지사다바야 마하사다바야 마하가로니가야 옴 살바 바예수 다라나 가라야 다사명 나막 까리다바 이맘 알야 바로기제 새바라 다바 니라간타 나막 하리나야 마발다 이사미 살발타 사다남 수반 아예염 살바 보다남 바바말아 미수다감 다냐타 옴 아로계 아로가 마지로가 지가란제 혜혜 하례 마하모지 사다바 사마라 사마라 하리나야 구로구로 갈마 사다야 사다야 도로도로 미연제 마하미연제 다라다라 다린 나례새바라 자라자라 마라 미마라 아마라 몰제 예혜혜 로계새바라 라아 미사미 나사야 나베 사미사미 나사야 모하자라 미사미 나사야 호로호로 마라호로 하례 바나마 나바 사라사라 시리시리 소로소로 못자못자 모다야 모다야 매다리야 니라간타 가마사 날사남 바라 하라나야 마낙 사바하 싯다야 사바하 마하싯다야 사바하 싯다유예 새바라야 사바하 니라간타야 사바하 바라하 목카싱하 목카야 사바하 바나마 하따야 사바하 자가라 욕다야 사바하 상카 섭나녜 모다나야 사바하 마하라 구타다라야 사바하 바마사간타 이사시체다 가릿나 이나야 사바하 먀가라 잘마 이바사나야 사바하 나모라 다나다라 야야 나막알야 바로기제 새바라야 사바하

발원문: _____ 생 성명: _____ 디자인 등록 귀룡문화원

신묘장구대다라니사경 (해인도)

시작 ▷

나모라 다나다라 야야 나막알약 바로기제 새바라야 모지 사다바야 마하 사다바야 마하가로 니가야 옴 살바 바예수 다라나 가라야 다사명 나막 가리다바 이맘 알야 바로기제 새바라 다바 니라간타 나막 하리나야 마발다 이사미 살발타 사다남 수반 아예염 살바 보다남 바바말아 미수다감 다냐타 옴 아로계 아로가 마지로가 지가란제 혜혜하례 마하모지 사다바 사마라 사마라 하리나야 구로구로 갈마 사다야 사다야 도로도로 미연제 마하미연제 다라다라 다린 나례새바라 자라자라 마라 미마라 아마라 몰제 예혜혜 로계새바라 라아 미사미 나사야 나베사 미사미 나사야 모하자라 미사미 나사야 호로호로 마라호로 하례 바나마 나바 사라사라 시리시리 소로소로 못자못자 모다야 모다야 매다리야 니라간타 가마사 날사남 바라 하리나야 마낙 사바하 싣다야 사바하 마하싣다야 사바하 싣다유예 새바라야 사바하 니라간타야 사바하 바라하 목카싱하 목카야 사바하 바나마 하따야 사바하 자가라 욕다야 사바하 상카 섭나녜 모다나야 사바하 마하라 구타다라야 사바하 바마사간타 이사시체다 가릿나 이나야 사바하 먀가라 잘마이바 사나야 사바하 나모라 다나다라 야야 나막알야 바로기제 새바라야 사바하

발원문:_____ 생 성명:_____ 디자인 등록 귀룡문화원

신묘장구대다라니사경 (해인도)

시작 ▷

나모라 다나다라 야야 나막알약 바로기제새바라야 모지사다바야 마하사다바야 마하가로니가야 옴 살바 바예수 다라나 가라야 다사명 나막 가리다바 이맘 알야 바로기제 새바라 다바 니라간타 나막 하리나야 마발다 이사미 살발타 사다남 수반 아예염 살바 보다남 바바말아 미수다감 다냐타 옴 아로계 아로가 마지로가 지가란제 혜혜하례 마하모지 사다바 사마라 사마라 하리나야 구로구로 갈마 사다야 사다야 도로도로 미연제 마하미연제 다라다라 다린나례새바라 자라자라 마라 미마라 아마라 몰제 예혜혜 로계새바라 라아 미사미 나사야 나베사 미사미 나사야 모하자라 미사미 나사야 호로호로 마라호로 하례 바나마나바 사라사라 시리시리 소로소로 못자못자 모다야 모다야 매다리야 니라간타 가마사 날사남 바라 하리나야 마낙 사바하 싯다야 사바하 마하싯다야 사바하 싯다유예 새바라야 사바하 니라간타야 사바하 바라하 목카싱하 목카야 사바하 바나마 하따야 사바하 자가라 욕다야 사바하 상카 섭나녜 모다나야 사바하 마하라 구타다라야 사바하 바마사간타 이사시체다 가릿나 이나야 사바하 마가라 잘마 이바사나야 사바하 나모라 다나다라 야야 나막알야 바로기제 새바라야 사바하

발원문 : _____ 생 성명: _____ 디자인 등록 귀롱문화원

신묘장구대다라니사경 (해인도)

신묘장구대다라니사경 (해인도)

시작 ▷

나모라 다나 다라 야야 나막 알약 바로 기로 바야 모지 사다 바야 마하 사다 바야 마하
◎하 바사 야라 바새 체 기로 바야 로 야 사야 나 사바 이마 잘라 가마 하가
하례 마하 모지 사다 바 사마 라 알기 리 바 사체 다 가릿 나 이나 야사 바로
혜 로 구 로 구야 나리 하라 마사 막 제새 바 하 사 니라 간 사마 바 하바 사야 니
혜 갈 마사 다야 사다 야 도로 도 나 야야 라 ◎야 사바 하마 하라 구타 다라 가
제 다제 연미 하마 제 연미 로 다 나 나다 모녀 나 섭카 상하 바야
란 라 다 라 다 린 나 례새 바라 자라 자 나모 사바 하자 가라 욕 다야 사옴
가 지가 로지 마가 로아 체 미라 마라 다라 야리 가 나라 다 수예 바바 살
로마 따야
아 미 수다 감 다냐 타옴 아라 쟈모 바 나마 하다 사명 나막 가리 다바 이
말 계 로 혜 혜예 제 몰라 마아 못다 하 바사 야카 목 하 싱 카목 하라 바맘
바새 바라 아 미사 미 나사 쟈야 바 하니라 간 타야 사바 하알
바 모야 사 나 미사 미사 베 나야 못 모다야 매 사야 라 바새 예유 다실 하바야
남 하 자라 미 사 미 나사 야 호 로 로 다발 마 다 야 사 바 하 마 하 실 다 야 사 바
다 마 나 바례 하로 호라 마로 호소 이 야리 실 하 바사 낙 마야 나라 하라 로
보 나 바사 라 사라 시리 시리 소로 사 나 야 니라 간 타가 마사 날 사남 바 기
바 살염 예아 반 수남 다 사타 발살 미 리 하 막 나 타간 라니 바 다라 바새 체

발원문: _____ 생 성명: _____ 디자인 등록 귀룡문화원

신묘장구대다라니사경 (해인도)

신묘장구대다라니사경 (해인도)

시작 ▷

나모라 다나 다라 야야 나막 알약 바로기제새바라야 모지사다바야 마하사다바야 마하가로니가야 옴 살바 바예수 다라나 가라야 다사명 나막 까리다바 이맘 알야 바로기제 새바라 다바 니라간타 나막 하리나야 마발다 이사미 살발타 사다남 수반 아예염 살바 보다남 바바말아 미수다감 다냐타 옴 아로계 아로가 마지로가 지가란제 혜혜하례 마하모지 사다바 사마라 사마라 하리나야 구로구로 갈마 사다야 사다야 도로도로 미연제 마하미연제 다라다라 다린 나례 새바라 자라자라 마라 미마라 아마라 몰제 예혜혜 로계 새바라 라아 미사미 나사야 나베 사미사미 나사야 모하 자라 미사미 나사야 호로호로 마라호로 하례 바나마 나바 사라사라 시리시리 소로소로 못자못자 모다야 모다야 매다리야 니라간타 가마사 날사남 바라 하라나야 마낙 사바하 싯다야 사바하 마하 싯다야 사바하 싯다유예 새바라야 사바하 니라간타야 사바하 바라하 목카싱하 목카야 사바하 바나마 하따야 사바하 자가라 욕다야 사바하 상카 섭나녜 모다나야 사바하 마하라 구타다라야 사바하 바마사간타 이사시체다 가릿나 이나야 사바하 먀가라 잘마 이바사나야 사바하 나모라 다나다라 야야 나막 알야 바로기제 새바라야 사바하

발원문: _____ 생 성명: _____ 디자인 등록 귀룡문화원

신묘장구대다라니사경 (해인도)

시작 ▷

나	모	라	다	나	다	라	야	야	나	막	알	약	바		모	지	사	다	바	야	마	하	사	다	바	야	마	하
◎	하	바	사	야	라	바	새	제	기	로	바	야	로		야	사	야	나	사	바	이	마	잘	라	가	먀	하	가
하	례	마	하	모	지	사	다	바	사	마	라	알	기	리	바	시	체	다	가	릿	나	이	나	야	사	바	로
혜	로	구	로	구	야	나	리	하	라	마	사		막	제	새	바	하	사	니	타	간	사	마	바	하	바	사	야	니
혜	갈	마	사	다	야	사	다	야	도	로	도		나	야	야	라	◎	야	사	바	하	마	하	라	구	타	다	라	가
재	다	제	연	미	하	마	제	연	미	로			다	나		나	다	모	녜	나	섭	카	싱	하	바	야
란	라	다	라	다	린	나	례	새	바	라	자	라	자		나	모		사	바	하	자	가	라	욕	다	야	사	옴
가	지	가	로	지	마	가	로	아	제	미	라	마	라		다	라		야	라	가	나	라	다	수	예	바	바	살
										로	마					따	야										
아	미	수	다	감	다	냐	타	옴	아	라		쟈	모		바	나	마	하	다	사	명	나	막	가	리	다	바	이
말	계	로	혜	혜	예	제	몰	라	마	아		못	다		하	바	사	야	카	목	하	싱	카	목	하	라	바	맘
바	새	바	라	라	아	미	사	미	나	사		쟈	야		바	하	니	라	간	타	야	사	바	알
바	모	야	사	나	미	사	미	사	베	나	야	못	모	다	야	매	사	야	라	바	새	예	유	다	싣	하	바	야
남	하	자	라	미	사	미	나	사	야	호	로	로	다	발	마	다	다	야	사	바	하	마	하	싣	다	야	사	바
다	마	나	바	례	하	로	호	라	마	로	호	소	이		야	리	싣	하	바	사	낙	마	야	나	라	하	라	로
보	나	바	사	라	사	라	시	리	시	리	소	로	사		나	야	니	라	간	타	가	마	사	날	사	남	바	기
바	살	염	예	아	반	수	남	다	사	타	발	살	미		리	하	막	나	타	간	라	니	바	다	라	바	새	제

발원문 : _____ 생 성명: _____ 디자인 등록 귀룡문화원

신묘장구대다라니사경 (해인도)

시작 ▷

나모라다나다라야야나막알약바로기제새바라야모지사다바야마하사다바야마하
◎하바사야라바새제기로바야로야사야나사바이마잘라가먀하가
하례마하모지사다바사마라알기리바시체다가릿나이나야사바로
혜로구로야나리하라마사막제새바하사니타간사마바하바사야니
혜갈마사다야사다야도로도나야야라◎야사바하마하리구타다라가
제다제연미하마제연미로다나다모녜나섭카상하바야
란라다라다린나례새바라자라자나모사바하자가라욕다야사옴
가지가로지마가로아계미라마라야리가나라다수예바바살
로마따야
아미수다감다냐타옴아라쟈모바나마하다사명나막가리다바이
말계로혜혜예제몰라마아못다하바사야차목하싱카목하라바맘
바새바리라아미사미나사쟈야바하니라간타야사바하알
바모야사나미사미사베나야못모다야매사야라바새예유다신하바야
남하자라미사미나사야호로로다발마다다야사바하마하싯다야사바
다마나바례하로호라마로호소이야리신하바사낙마야나라하라로
보나바사라사라시리시리소로사나야니라간타가마사날사남바기
바살염예아반수남다사타발살미리하막나타간라니바다라바새제

발원문 : _____ 생 성명: _____ 디자인 등록 귀룡문화원

신묘장구대다라니사경 (해인도)

시작 ▷

나모라 다나 다라 야야 나막 알약 바로 기제 새바 라야 모지 사다 바야 마하 사다 바야 마하 가로 니가 야 옴 살바 바예 수 다라나 가라야 다사 명 나막 가리 다바 이맘 알야 바로 기제 새바라 다바 니라 간타 나막 하리 나야 마발 다 이사 미 살발타 사다남 수반 아예 염 살바 보다남 바바 말아 미수 다감 다냐타 옴 아로 계 아로가 마지 로가 지가 란제 혜혜 하례 마하 모지 사다바 사마라 사마라 하리나야 구로 구로 갈마 사다야 사다야 도로 도로 미연제 마하미연제 다라 다라 다린나례 새바라 자라 자라 마라 미마라 아마라 몰제 예혜혜 로계 새바라 라아 미사미 나사야 나베 사미사미 나사야 모하 자라 미사미 나사야 호로 호로 마라 호로 하례 바나 마나바 사라 사라 시리 시리 소로 소로 못자 못자 모다야 모다야 매다리야 니라간타 가마사 날사남 바라 하리 나야 마낙 사바하 싯다야 사바하 마하 싯다야 사바하 싯다 유예 새바라야 사바하 니라 간타야 사바하 바라하 목카 싱하 목카야 사바하 바나마 하따야 사바하 자가라 욕다야 사바하 상카 섭나 녜 모다나야 사바하 마하라 구타 다라야 사바하 바마 사간타 이사 시체다 가릿나 이나야 사바하 먀가라 잘마 이바 사나야 사바하 나모라 다나다라 야야 나막 알야 바로 기제 새바라야 사바하

발원문 : _____ 생 성명: _____ 디자인 등록 귀룡문화원

신묘장구대다라니사경 (해인도)

시작 ▷

나모라 다나다라 야야 나막알약 바로기제새바라야 모지사다바야 마하사다바야 마하가로니가야 옴 살바 바예수 다라나 가라야 다사명 나막 까리다바 이맘 알야 바로기제 새바라 다바 니라간타 나막 하리나야 마발다 이사미 살발타 사다남 수반 아예염 살바 보다남 바바말아 미수다감 다냐타 옴 아로계 아로가 마지로가 지가란제 혜혜 하례 마하모지 사다바 사마라 사마라 하리나야 구로구로 갈마 사다야 사다야 도로도로 미연제 마하미연제 다라다라 다린 나례새바라 자라자라 마라 미마라 아마라 몰제 예혜혜 로계새바라 라아 미사미 나사야 나베사 미사미 나사야 모하자라 미사미 나사야 호로호로 마라호로 하례 바나마나바 사라사라 시리시리 소로소로 못쟈못쟈 모다야 모다야 매다리야 니라간타 가마사 날사남 바라하 라나야 마낙 사바하 싯다야 사바하 마하싯다야 사바하 싯다유예 새바라야 사바하 니라간타야 사바하 바라하 목카싱하 목카야 사바하 바나마 하따야 사바하 자가라 욕다야 사바하 상카섭나녜 모다나야 사바하 마하라 구타다라야 사바하 바마사간타 이사시체다 가릿나이나야 사바하 먀가라잘마 이바사나야 사바하 나모라 다나다라 야야 나막알야 바로기제 새바라야 사바하

발원문 : _____ 생 성명: _____ 디자인 등록 귀룡문화원

신묘장구대다라니사경 (해인도)

시작 ▷

나모라다나다라야야나막알약바모지사다바야마하사다바야마하
◎하바사야라바새체기로바야로야사야나사바이마잘라가먀하가
하례먀하모지사다바사마라알기리바사체다가릿나이나야사바로
혜로구로구야나리하라마사막제새바하사니타간사마바하바사야니
혜갈마사다야사다야도로도나야야라◎야사바하마하리구타다라가
제다제연미하마제연미로　　　다나나다모녜나섭카상하바야
란라다라다린나례새바리자라자나모사바하자가라욕다야사옴
가지가로지마가로아계미라마라다라야라가나라다수예바바살
　　　　　　　로마　　　　　　　따야

아미수다감다냐타옴아라　쟈모　바나마하다사명나막가리다바이
말계로혜혜예체몰라마아못다하바사야카목하싱카목하라바맘
바새바라라아미사미나사쟈야　바하니라간타야사바하알
바모야사나미사미사베나야못모다야매사야라바새예유다싣하바야
남하자라미사미나사야호로로다발마다야사바하마하싣다야사바
다마나바례하로호라마로호소　야리싣하바사낙마야나라하라로
보나바사라사라시리시리소로사나야니라간타가마사날사남바기
바살염예아반수남다사타발살미리하막나타간리니바다라바새체

발원문 :　　　　　　　　　　　　　　　생　성명:　　　　　　　　디자인 등록 귀룡문화원

신묘장구대다라니사경 (해인도)

시작 ▷

나모라 다나다라 야야 나막알약 바로기제새바라 야모지사다바야 마하사다바야 마하가로니가야 옴 살바바예수 다라나가라야 다사명 나막가리다바 이맘알야 바로기제새바라 다바 니라간타 나막하리나야 마발다 이사미 살발타 사다남 수반아예염 살바보다남 바바말아 미수다감 다냐타 옴 아로계 아로가 마지로가 지가란제 혜혜하례 마하모지사다바 사마라 사마라 하리나야 구로구로 갈마 사다야 사다야 도로도로 미연제 마하미연제 다라다라 다린나례새바라 자라자라 마라미마라 아마라 몰제 예혜혜 로게새바라 라아 미사미 나사야 나베사미사미 나사야 모하자라 미사미 나사야 호로호로 마라호로 하례 바나마나바 사라사라 시리시리 소로소로 못자못자 모다야모다야 매다리야 니라간타 가마사 날사남 바라하라나야 마낙 사바하 싯다야 사바하 마하싯다야 사바하 싯다유예 새바라야 사바하 니라간타야 사바하 바라하 목카싱하 목카야 사바하 바나마 하따야 사바하 자가라 욕다야 사바하 상카 섭나녜 모다나야 사바하 마하라 구타다라야 사바하 바마사간타 이사시체다 가릿나 이나야 사바하 먀가라잘마 이바사나야 사바하 나모라 다나다라 야야 나막알야 바로기제 새바라야 사바하

발원문: _____ 생 성명: _____ 디자인 등록 귀룡문화원

신묘장구대다라니사경 (해인도)

신묘장구대다라니사경 (해인도)

시작 ▷

나모라 다나 다라 야야 나막 알약
◎ 바바 사야 라바 새제 기로 바야
하례 마하 모지 사다 바사 마라 알기
혜 로 구로 야 나 리 하 리 마 사
혜 갈 마 사 다 야 사 다 야 도 로 도 나 야 야 라
제 다 제 연 미 하 마 제 연 미 로
란 라 다 라 다 린 나 례 새 바 라 자 라 자
가 지 가 로 지 마 가 로 아 계 미 라 마 라
로 마

모 지 차 다 바 야 마 하 사 다 바 야 마 하
야 사 야 나 사 바 이 마 잘 라 가 먀 하 가
라 바 시 체 다 가 릿 나 이 나 야 사 바 로
하 사 니 타 간 사 마 바 하 바 사 야 니
◎ 야 사 바 하 마 하 라 구 타 다 라 가
다 나 나 다 모 녜 나 섭 카 상 하 바 야
나 모 사 바 하 자 가 라 욕 다 야 사 옴
다 라 야 라 가 나 라 다 수 예 바 바 살
따 야

아 미 수 담 다 냐 타 옴 아 라
말 계 로 혜 혜 예 제 몰 라 마 아
바 새 바 라 아 미 사 미 나 사
바 모 야 사 나 미 사 미 사 베 나 야
남 하 자 라 미 사 미 나 사 야 호 로
다 마 나 바 례 하 로 호 라 마 로 호
보 나 바 사 라 사 라 시 리 시 리 소 로
바 살 염 예 아 반 수 남 다 사 타 발 살 미

쟈 모
못 다
쟈 야
못
로
소 이
사

바 나 마 하 다 사 명 나 막 가 리 다 바 이
하 바 사 야 카 목 하 싱 카 목 하 라 바 맘
바 하 니 라 간 타 야 사 바 하 알
모 다 야 매 사 야 리 바 새 예 유 다 싣 하 바 야
다 발 마 다 야 사 바 하 마 하 싣 다 야 사 바
야 리 싣 하 바 사 낙 마 야 나 라 하 라 로
나 야 니 라 간 타 가 마 사 날 사 남 바 기
리 하 막 나 라 간 라 니 바 다 라 바 새 제

발원문 : _____ 생 ___ 성명: _____ 디자인 등록 귀룡문화원

신묘장구대다라니사경 (해인도)

시작 ▷

나모라 다나다라 야야 나막알약 바로기제새바라야 모지사다바야 마하사다바야 마하가로니가야 옴 살바 바예수 다라나 가라야 다사명 나막 까리다바 이맘 알야 바로기제 새바라 다바 니라간타 나막 하리나야 마발다 이사미 살발타 사다남 수반 아예염 살바 보다남 바바말아 미수다감 다냐타 옴 아로계 아로가 마지 로가 지가란제 혜혜하례 마하모지사다바 사마라 사마라 하리나야 구로구로 갈마 사다야 사다야 도로도로 미연제 마하미연제 다라다라 다린 나례 새바라 자라자라 마라 미마라 아마라 몰제 예혜혜 로계새바라 라아 미사미 나사야 나베사 미사미 나사야 모하자라 미사미 나사야 호로호로 마라호로 하례 바나마나바 사라사라 시리시리 소로소로 못자못자 모다야 모다야 매다리야 니라간타 가마사 날사남 바라 하라나야 마낙 사바하 싯다야 사바하 마하싯다야 사바하 싯다유예 새바라야 사바하 니라간타야 사바하 바라하 목카싱하 목카야 사바하 바나마 하따야 사바하 자가라 욕다야 사바하 상카 섭나녜 모다나야 사바하 마하라 구타다라야 사바하 바마사간타 이사시체다 가릿나 이나야 사바하 먀가라잘마 이바사나야 사바하

발원문: _____ 생 성명: _____ 디자인 등록 귀룡문화원

신묘장구대다라니사경 (해인도)

시작 ▷

나모라다나다라야야나막알약바로지차다바야마하사다바야마하
하바사야라바새체기로바야야사야나사바이마잘라가먀하가
하례마하모지사다바사마라알기라바시체다가릿나이나야사바로
혜로구로야나리하라마사막제새바하사니타간사마바하바사야니
혜갈마사다야사다야도로도나야야라야사바하마하라구타다라가
제다제연미하마제연미로 다나 나다모녜나섭카상하바야
란라다라다린나례새바라자라자 나모 사바하자가라욕다야사옴
가지가로지마가로아제미라마라 다라 야리가나라다수예바바살
　　　　　　　　로마 따야
아미수다감다냐타옴아라 쟈모 바나마하다사명나막가리다바이
말계로혜혜예제몰라마아 못다 하바사야카목하싱카목하라바맘
바새바라라아미사미나사 쟈야 바하니라간타야사바하알
바모야사나미사미사베나야못모다야매사야라바새예유다실하바야
남하자라미사미나사야호로다발마다다야사바하마하실다야사바
다마나바례하로호라마로호소이 야리신하바사낙마야나라하라로
보나바사라사라시리시리소로사 나야니라간타가마사날사남바기
바살염예아반수남다사타발살미 리하막나타간라니바다라바새체

발원문 :　　　　　　　　　　　　　　생　성명:　　　　　　　디자인 등록 귀룡문화원

신묘장구대다라니사경 (해인도)

시작 ▷

나모라 다나다라 야야 나막알약 바로기제새바라야 모지사다바야 마하사다바야 마하
하바사야라바새체기로바야로 알기리바 야사야나사바이마잘라가먀하가
하례먀하 모지사다바 사마라 알기리바 사체다가릿나 이나야사바로
혜로구로야나리하라 마사막제새바하 사니타간사마바하바사야니
혜갈마사다야사다야 도로도 나야야라 야사바하마하리구타다라가
제다제연미하마제연미로 다나 나다모녜나섭카상하바야
란라다라다린나례새바라자라자 나모 사바하자가라욕다야사옴
가지가로지마가로아제미라마라 다라 야리가나라다수예바바살
                 로마   따야
아미수다감다냐라옴아라 쟈모 바나마하 다사명나막가리다바이
말계로혜혜예제몰라마아 못다 하바사야카목하싱카목하라바맘
바새바라라아미사미나사 쟈야 바하니라간타야사바하알
바모야사나미사미사베나야못 모다야매 사야라바새예유다실하바야
남하자라미사미나사야호로 로 다발마다 다야사바하마하실다야사바
다마나바례하로호라마로호소이 야리실하바사낙마야나라하라로
보나바사라사라시리시리소로사 나야니라간타가마사날사남바기
바살염예아반수남다사라발살미 리하막나타간라니바다라바새체

발원문: _____   생 성명: _____   디자인 등록 귀룡문화원

신묘장구대다라니사경 (해인도)

시작 ▷

나모라 다나다라 야야 나막알약 바로기제새바라야 모지사다바야 마하사다바야 마하가로니가야 옴 살바 바예수 다라나 가라야 다사명 나막 가리다바 이맘 알야 바로기제 새바라 다바 니라간타 나막 하리나야 마발다 이사미 살발타 사다남 수반 아예염 살바 보다남 바바말아 미수다감 다냐타 옴 아로계 아로가 마지로가 지가란제 혜혜하례 마하모지 사다바 사마라 사마라 하리나야 구로구로 갈마 사다야 사다야 도로도로 미연제 마하미연제 다라다라 다린 나례새바라 자라자라 마라 미마라 아마라 몰제 예혜혜 로계새바라 라아 미사미 나사야 나베사 미사미 나사야 모하자라 미사미 나사야 호로호로 마라호로 하례 바나마 나바 사라사라 시리시리 소로소로 못자못자 모다야 모다야 매다리야 니라간타 가마사 날사남 바라 하라나야 마낙사바하 싯다야 사바하 마하싯다야 사바하 싯다유예 새바라야 사바하 니라간타야 사바하 바라하 목카 싱하목카야 사바하 바나마 하따야 사바하 자가라 욕다야 사바하 상카 섭나녜 모다나야 사바하 마하라 구타다라야 사바하 바마사간타 이사시체다 가릿나이나야 사바하 먀가라잘마 이바사나야 사바하 나모라 다나다라 야야 나막알야 바로기제 새바라야 사바하

발원문: _____ 생 성명: _____ 디자인 등록 귀룡문화원

신묘장구대다라니사경 (해인도)

시작 ▷

나모라 다나 다라 야야 나막 알야 바로기제새바라야 모지사다바야 마하 사다바야 마하가로 니가야 옴 살바 바예수 다라나 가라야 다사명 나막 가리다바 이맘 알야 바로기제 새바라 다바 니라간타 나막 하리나야 마발다 이사미 살발타 사다남 수반 아예염 살바 보다남 바바말아 미수다감 다냐타 옴 아로계 아로가 마지로가 지가란제 혜혜 하례 마하 모지사다바 사마라 사마라 하리나야 구로 구로 갈마 사다야 사다야 도로 도로 미연제 마하 미연제 다라 다라 다린 나례새바라 자라 자라 마라 미마라 아마라 몰제 예혜혜 로계새바라 라아 미사미 나사야 나베사 미사미 나사야 모하 자라 미사미 나사야 호로 호로 마라 호로 하례 바나마 나바 사라 사라 시리 시리 소로 소로 못자 못자 모다야 모다야 매다리야 니라간타 가마사 날사남 바라 하리나야 마낙 사바하 싯다야 사바하 마하 싯다야 사바하 싯다 유예새바라야 사바하 니라간타야 사바하 바라하 목카싱하 목카야 사바하 바나마 하따야 사바하 자가라 욕다야 사바하 상카섭나녜 모다나야 사바하 마하라 구타 다라야 사바하 바마 사간타 이사시체다 가릿나 이나야 사바하 먀가라 잘마 이바 사나야 사바하 나모라 다나다라 야야 나막알야 바로기제 새바라야 사바하

발원문: _____ 생 성명: _____ 디자인 등록 귀룡문화원

신묘장구대다라니사경 (해인도)

시작 ▷

나모라 다나다라 야야 나막알약 바로 기리 라바 모지사다바야 마하사다바야 마하
하바사야라바새제기로바야 야사야나사바이마 잘라가 먀하가
하례마하모지사다바사마라 알 바 시체다가릿나이나야사바로
혜로구로야나리하라마사막 제새바하 사니타 간사 마바하바사야니
혜갈마사다야사다야도로도 나야야라 야사바하마하라구타다라가
제다제연미하마제연미로 다 나다모녜 나섭카상하바야
란라다라다린나례새바라자라자 나 사바하자가라욕다야사옴
가지가로지마가로아계미라마라 모 야라가나라다수예바바살
로마 따야

아미수다감다냐타옴아라 쟈모 바나마하다사명 나막가리다바이
말계로혜혜예제몰라마아 못다 하바사야카목하싱카목하라바맘
바새바리라아미사미나사 쟈야 바하니라간타야사바하알
바모야사나미사미사베나야 못 모다야매사야라바새예유다싣하바야
남하자라미사미나사야호로 로 다발마다 다야사바하마하싣다야사바
다마나바례하로호라마로호소 이 야리싣하바사낙마야나라하라로
보남바사라사라시리시리소로 사 나야니라간타가마사날사남바기
바살염예아반수남다사타발살미 리하막나타간라니바다라바새제

발원문: _____ 생 성명: _____ 디자인 등록 귀룡문화원

신묘장구대다라니사경 (해인도)

시작 ▷

나	모	라	다	나	다	라	야	야	나	막	알	약	바		모	지	사	다	바	야	마	하	사	다	바	야	마	하
◎	하	바	사	야	라	바	새	제	기	로	바	야	로		야	사	야	나	사	바	이	마	잘	라	가	먀	하	가
하	례	먀	하	모	지	사	다	바	사	마	라	알	기	라	바	시	체	다	가	릿	나	이	나	야	사	바	로
혜	로	구	로	구	야	나	리	하	라	마	사	막	제	새	바	하	사	니	타	간	사	마	바	하	바	사	야	니
혜	갈	마	사	다	야	사	다	야	도	로	도	나	야	야	라	◎	야	사	바	하	마	하	라	구	타	다	라	가
제	다	제	연	미	하	마	제	연	미	로			다	나		나	다	모	녜	나	섭	카	상	하	바	야
란	라	다	라	다	린	나	례	새	바	라	자	라	자	나	모	사	바	하	자	가	라	욕	다	야	사	옴
가	지	가	로	지	마	가	로	아	계	미	라	마		다	라	야	라	가	나	라	다	수	예	바	바	살
											로	마			따	야

아	미	수	다	감	다	냐	타	옴	아	라		쟈	모		바	나	마	하	다	사	명	나	막	가	리	다	바	이
말	계	로	혜	혜	예	제	몰	라	마	아		못	다		하	바	사	야	카	목	하	싱	카	목	하	라	바	맘
바	새	바	라	라	아	미	사	미	나	사		쟈	야		바	하	니	라	간	타	야	사	바	하	알
바	모	야	사	나	미	사	미	사	베	나	야	못	모	다	야	매	사	야	라	바	새	예	유	다	실	하	바	야
남	하	자	라	미	사	미	나	사	야	호	로	로	다	발	마	다	다	야	사	바	하	마	하	실	다	야	사	바
다	마	나	바	례	하	로	호	라	마	로	호	소	이		야	리	실	하	바	사	낙	마	야	나	라	하	라	로
보	나	바	사	라	사	라	시	리	시	리	소	로	사		나	야	니	라	간	타	가	마	사	날	사	남	바	기
바	살	염	예	아	반	수	남	다	사	타	발	살	미		리	하	막	나	타	간	라	니	바	다	라	바	새	제

발원문 : _____   생   성명: _____   디자인 등록 귀룡문화원

신묘장구대다라니사경 (해인도)

시작 ▷

나모라다나다라야야나막알약바모지사다바야마하사다바야마하
◎하바사야라바새체기로바야야사야나사바이마잘리가먀하가
하례마하모지사다바사마라알기라바사체다가릿나이나야사바로
혜로구로야나리하라마사막제새바하사니타간사마바하바사야니
혜갈마사다야사다야도로도나야야라◎야사바하마하라구타다라가
제다제연미하마제연미로다나다모녜나섭카상하바야
란라다라다린나례새바라자라자나모사바하자가라욕다야사옴
가지가로지마가로아제미라마라다라야리가나라다수예바바살
로마때야
아미수다감다나타옴아라쟈모바나마하다사명나막가리다바이
말계로혜혜예제몰라마아못다하바사야차목하싱카목하라바맘
바새바라아미사미나사쟈야바하니라간타야사바하알
바모야사나미사미사베나야못모다야매사야라바새예유다신하바야
남하자라미사미나사야호로로다발마다야사바하마하싣다야사바
다마나바례하로호라마로호소이야리신하바사낙마야나라하라로
보나바사라사라시리시리소로사나야니라간타가마사날사남바기
바살염예아반수남다사타발살미리하막나라간라니바다라바새체

발원문: _____ 생 성명: _____ 디자인 등록 귀룡문화원

신묘장구대다라니사경 (해인도)

시작 ▷

나모라 다나다라 야야 나막 알약 바로기제 새바라야 모지 사다바야 마하 사다바야 마하가로 니가야 옴 살바 바예수 다라나 가라야 다사명 나막 가리다바 이맘 알야 바로기제 새바라 다바 니라간타 나막 하리나야 마발다 이사미 살발타 사다남 수반 아예염 살바 보다남 바바말아 미수다감 다냐타 옴 아로계 아로가 마지로가 지가란제 혜혜하례 마하모지 사다바 사마라 사마라 하리나야 구로구로 갈마 사다야 사다야 도로도로 미연제 마하미연제 다라다라 다린 나례 새바라 자라자라 마라 미마라 아마라 몰제 예혜혜 로계새바라 라아 미사미 나사야 나베 사미사미 나사야 모하자라 미사미 나사야 호로호로 마라호로 하례 바나마 나바 사라사라 시리시리 소로소로 못쟈못쟈 모다야 모다야 매다리야 니라간타 가마사 날사남 바라하리 나야 마낙 사바하 싣다야 사바하 마하 싣다야 사바하 싣다유예 새바라야 사바하 니라간타야 사바하 바라하 목카싱하 목카야 사바하 바나마 하따야 사바하 자가라 욕다야 사바하 상카섭나 녜모다나야 사바하 마하라 구타다라야 사바하 바마사간타 이사시체다 가릿나 이나야 사바하 먀가라잘마이바사나야 사바하 나모라 다나다라 야야 나막알야 바로기제 새바라야 사바하

발원문: _____ 생 성명: _____ 디자인 등록 귀롱문화원

신묘장구대다라니사경 (해인도)

시작 ▷

나모라 다나다라 야야 나막알약 바로기제새바라야 모지사다바야 마하사다바야 마하가로니가야 옴 살바 바예수 다라나 가라야 다사명 나막 가리다바 이맘 알야 바로기제 새바라 다바 니라간타 나막 하리나야 마발다 이사미 살발타 사다남 수반 아예염 살바 보다남 바바말아 미수다감 다냐타 옴 아로계 아로가 마지로가 지가란제 혜혜하례 마하모지 사다바 사마라 사마라 하리나야 구로구로 갈마 사다야 사다야 도로도로 미연제 마하미연제 다라다라 다린나례새바라 자라자라 마라미마라 아마라 몰제 예혜혜 로계새바라 라아 미사미 나사야 나베사미사미 나사야 모하자라 미사미 나사야 호로호로 마라호로 하례 바나마나바 사라사라 시리시리 소로소로 못쟈못쟈 모다야모다야 매다리야 니라간타 가마사 날사남 바라하리나야 마낙 사바하 싣다야 사바하 마하싣다야 사바하 싣다유예 새바라야 사바하 니라간타야 사바하 바라하 목카싱카 목카야 사바하 바나마 하따야 사바하 자가라 욕다야 사바하 상카 섭나녜 모다나야 사바하 마하라 구타다라야 사바하 바마사간타 이사시체다 가릿나이나야 사바하 먀가라잘마 이바사나야 사바하 나모라 다나다라 야야 나막알야 바로기제 새바라야 사바하

발원문: _____ 생 성명: _____ 디자인 등록 귀룡문화원

신묘장구대다라니사경 (해인도)

신묘장구대다라니사경 (해인도)

시작 ▷

나모라 다나다라 야야 나막알약 바로기제새바라야 모지사다바야 마하사다바야 마하가로니가야 옴 살바 바예수 다라나 가라야 다사명 나막 까리다바 이맘 알야 바로기제 새바라 다바 니라간타 나막 하리나야 마발다 이사미 살발타 사다남 수반 아예염 살바 보다남 바바말아 미수다감 다냐타 옴 아로계 아로가 마지로가 지가란제 혜혜하례 마하모지 사다바 사마라 사마라 하리나야 구로구로 갈마 사다야 사다야 도로도로 미연제 마하미연제 다라다라 다린나례새바라 자라자라 마라 미마라 아마라 몰제 예혜혜 로계새바라 라아 미사미 나사야 나베사 미사미 나사야 모하자라 미사미 나사야 호로호로 마라호로 하례 바나마나바 사라사라 시리시리 소로소로 못자못자 모다야 모다야 매다리야 니라간타 가마사 날사남 바라하리나야 마낙 사바하 싯다야 사바하 마하싯다야 사바하 싯다유예 새바라야 사바하 니라간타야 사바하 바라하 목카싱카 목카야 사바하 바나마 하따야 사바하 자가라 욕다야 사바하 상카섭나녜 모다나야 사바하 마하라 구타다라야 사바하 바마사간타 이사시체다 가릿나이나야 사바하 먀가라잘마 이바사나야 사바하

나모라 다나다라 야야 나막알야 바로기제 새바라야 사바하

발원문: _____ 생 ___ 성명: _____ 디자인 등록 귀룡문화원

신묘장구대다라니사경 (해인도)

시작 ▷

나모라 다나다라 야야 나막 알약 바로기제 새바라야 모지 사다바야 마하 사다바야 마하가로 니가야 옴 살바 바예수 다라나 가라야 다사명 나막 까리다바 이맘 알야 바로기제 새바라 다바 니라간타 나막 하리나야 마발다 이사미 살발타 사다남 수반 아예염 살바 보다남 바바말아 미수다감 다냐타 옴 아로계 아로가 마지로가 지가란제 혜혜하례 마하모지 사다바 사마라 사마라 하리나야 구로구로 갈마 사다야 사다야 도로도로 미연제 마하미연제 다라다라 다린 나례 새바라 자라자라 마라 미마라 아마라 몰제 예혜혜 로게 새바라 라아 미사미 나사야 나베 사미사미 나사야 모하자라 미사미 나사야 호로 호로 마라호로 하례 바나마 나바 사라사라 시리시리 소로소로 못자못자 모다야 모다야 매다리야 니라간타 가마사 날사남 바라하리 나야마낙 사바하 싯다야 사바하 마하싯다야 사바하 싯다유예 새바라야 사바하 니라간타야 사바하 바라하 목카싱하 목카야 사바하 바나마 하따야 사바하 자가라 욕다야 사바하 상카 섭나녜 모다나야 사바하 마하라 구타다라야 사바하 바마사간타 이사 시체다 가릿나 이나야 사바하 먀가라잘마 이바사나야 사바하

발원문: _____ 생 성명: _____ 디자인 등록 귀룡문화원

신묘장구대다라니사경 (해인도)

시작 ▷

나모라 다나다라 야야 나막 알약 바로기제 새바라야 모지 사다바야 마하 사다바야 마하가로 니가야 옴 살바 바예수 다라나 가라야 다사명 나막 가리다바 이맘 알야 바로기제 새바라 다바 니라간타 나막 하리나야 마발다 이사미 살발타 사다남 수반 아예염 살바 보다남 바바말아 미수다감 다냐타 옴 아로계 아로가 마지로가 지가란제 혜혜 하례 마하 모지사다바 사마라 사마라 하리나야 구로구로 갈마 사다야 사다야 도로도로 미연제 마하 미연제 다라다라 다린 나례 새바라 자라자라 마라 미마라 아마라 몰제 예혜혜 로계 새바라 라아 미사미 나사야 나베 사미사미 나사야 모하 자라 미사미 나사야 호로호로 마라 호로 하례 바나마 나바 사라사라 시리시리 소로소로 못쟈못쟈 모다야 모다야 매다리야 니라간타 가마사 날사남 바라 하라나야 마낙 사바하 싯다야 사바하 마하 싯다야 사바하 싯다 유예 새바라야 사바하 니라간타야 사바하 바라하 목카 싱카 목카야 사바하 바나마 하따야 사바하 자가라 욕다야 사바하 상카 섭나녜 모다나야 사바하 마하라 구타 다라야 사바하 바마 사간타 이사 시체다 가릿나 이나야 사바하 마가라 잘마 이바 사나야 사바하 나모라 다나다라 야야 나막 알야 바로기제 새바라야 사바하

발원문: _____ 생 성명: _____ 디자인 등록 귀룡문화원

신묘장구대다라니사경 (해인도)

시작 ▷

나모라 다나 다라 야야 나막 알약 바로기제 새바라 야 모지 사다바야 마하 사다바야 마하가로니가야 옴 살바 바예수 다라나 가라야 다사명 나막 가리다바 이맘 알야 바로기제 새바라 다바 니라간타 나막 하리나야 마발다 이사미 살발타 사다남 수반 아예염 살바 보다남 바바말아 미수다감 다냐타 옴 아로계 아로가 마지로가 지가란제 혜혜 하례 마하모지 사다바 사마라 사마라 하리나야 구로구로 갈마 사다야 사다야 도로도로 미연제 마하미연제 다라다라 다린나례 새바라 자라자라 마라 미마라 아마라 몰제 예혜혜 로계 새바라 라아 미사미 나사야 나베 사미사미 나사야 모하 자라 미사미 나사야 호로호로 마라 호로 하례 바나마 나바 사라 사라 시리 시리 소로 소로 못쟈 못쟈 모다야 모다야 매다리야 니라간타 가마사 날사남 바라 하리나야 마낙 사바하 싯다야 사바하 마하 싯다야 사바하 싯다유예 새바라야 사바하 니라간타야 사바하 바라하 목카 싱하 목카야 사바하 바나마 하따야 사바하 자가라 욕다야 사바하 상카 섭나녜 모다나야 사바하 마하라 구타 다라야 사바하 바마사간타 이사시체다 가릿나 이나야 사바하 먀가라 잘마 이바사나야 사바하 나모라 다나다라 야야 나막알야 바로기제 새바라야 사바하

발원문 : _____ 생 성명: _____ 디자인 등록 귀룡문화원

신묘장구대다라니 사경 (해인도)

시작 ▷

나모라 다나다라 야야 나막 알약 바로기제 새바라야 모지 사다바야 마하 사다바야 마하가로 니가야 옴 살바 바예수 다라나 가라야 다사명 나막 가리다바 이맘 알야 바로기제 새바라 다바 니라간타 나막 하리나야 마발다 이사미 살발타 사다남 수반 아예염 살바 보다남 바바말아 미수다감 다냐타 옴 아로계 아로가 마지로가 지가란제 혜혜 하례 마하모지 사다바 사마라 사마라 하리나야 구로구로 갈마 사다야 사다야 도로도로 미연제 마하미연제 다라다라 다린나례 새바라 자라자라 마라 미마라 아마라 몰제 예혜혜 로계 새바라 라아 미사미 나사야 나베 사미사미 나사야 모하 자라 미사미 나사야 호로호로 마라 호로 하례 바나마 나바 사라사라 시리시리 소로소로 못자못자 모다야 모다야 매다리야 니라간타 가마사 날사남 바라 하리나야 마낙 사바하 싯다야 사바하 마하 싯다야 사바하 싯다 유예 새바라야 사바하 니라간타야 사바하 바라하 목카 싱하 목카야 사바하 바나마 하따야 사바하 자가라 욕다야 사바하 상카 섭나녜 모다나야 사바하 마하라 구타다라야 사바하 바마 사간타 이사시체다 가릿나 이나야 사바하 먀가 잘라 잘마 이바 사나야 사바하 나모라 다나다라 야야 나막 알야 바로기제 새바라야 사바하

발원문: _____ 생 성명: _____ 디자인 등록 귀룡문화원

신묘장구대다라니사경 (해인도)

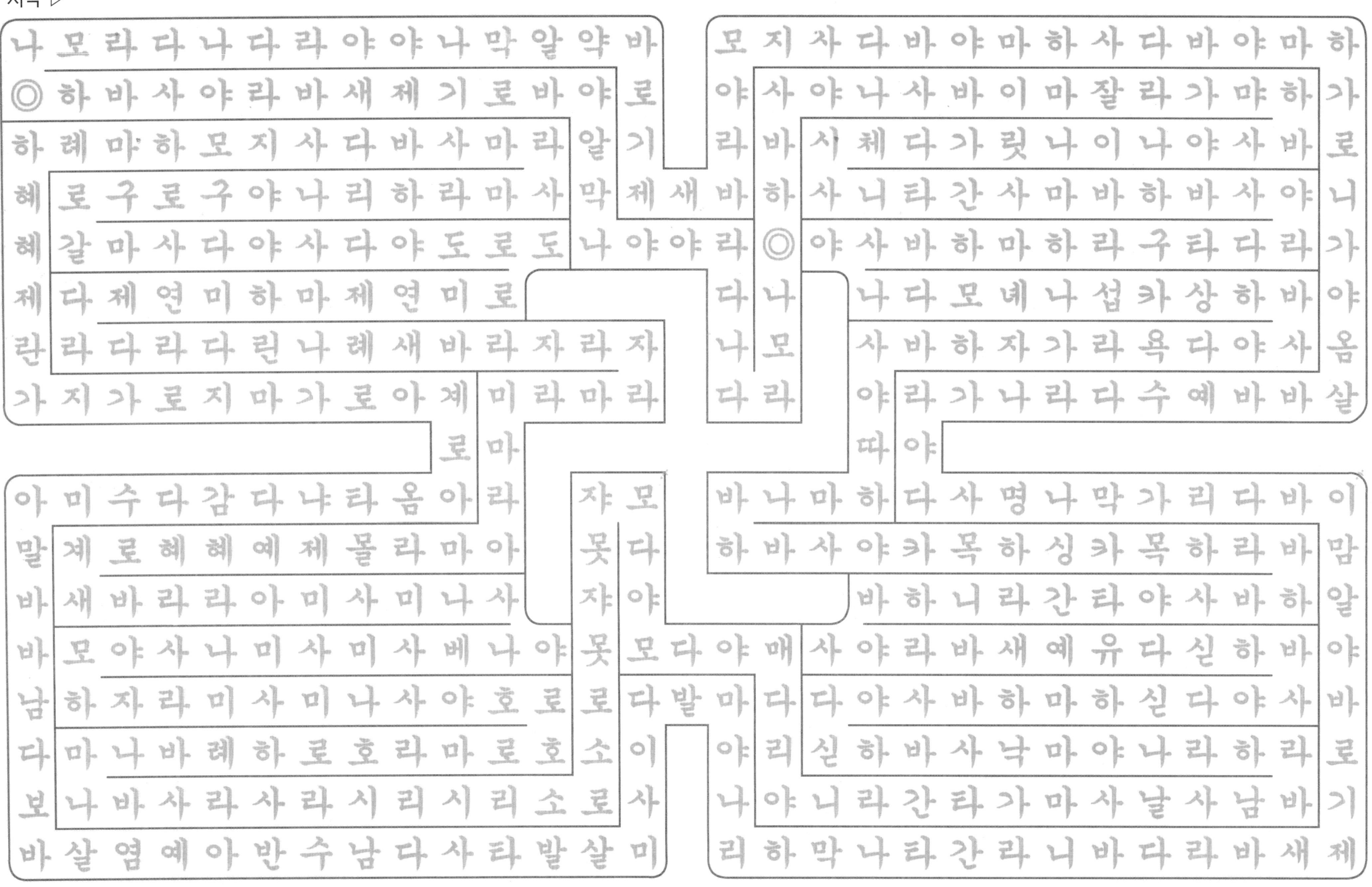

신묘장구대다라니사경 (해인도)

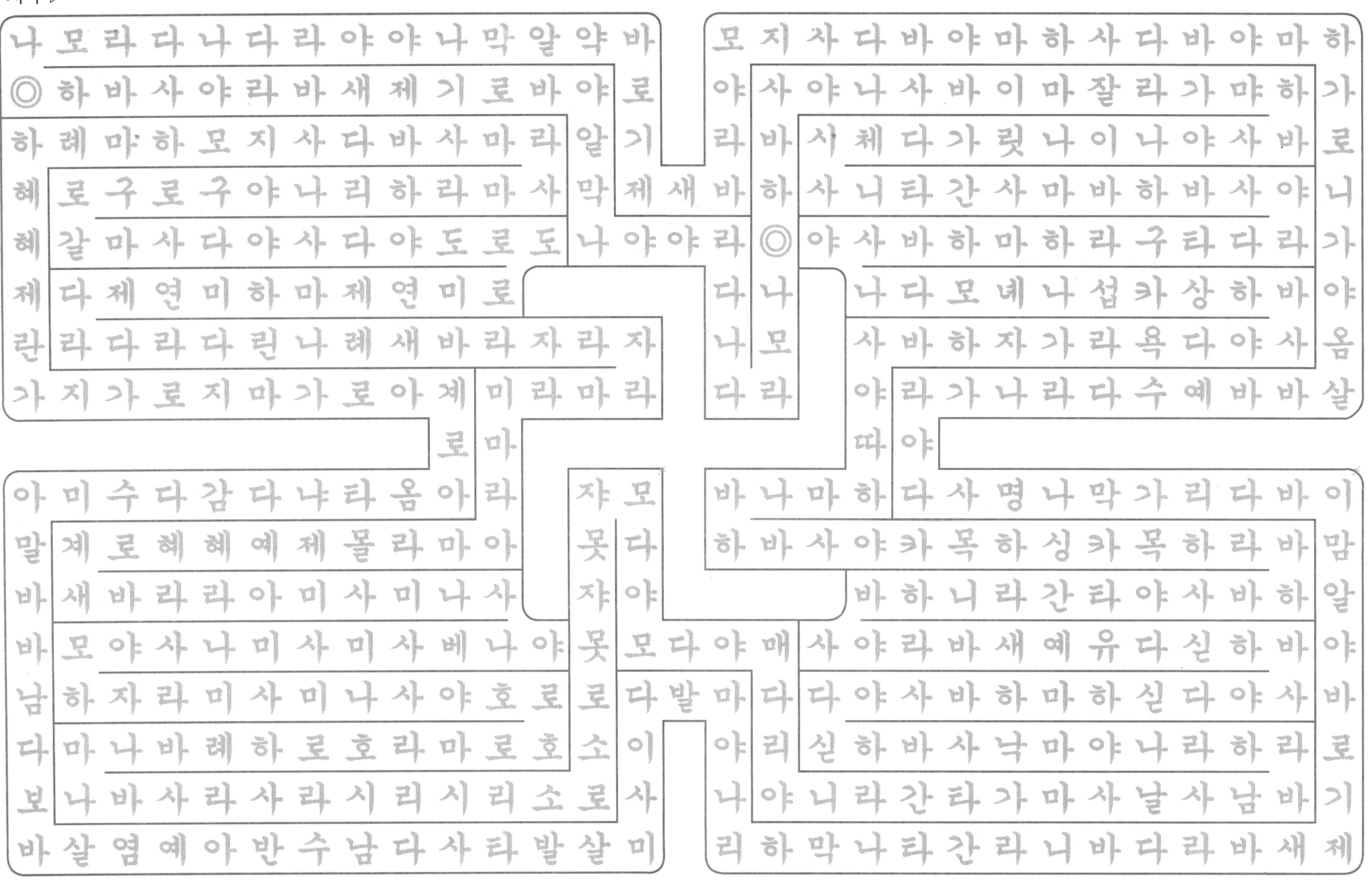

신묘장구대다라니사경 (해인도)

시작 ▷

나모라 다나다라 야야 나막알약 바로기제새바라야 모지사다바야 마하사다바야 마하가로니가야 옴 살바 바예수 다라나 가라야 다사명 나막 까리다바 이맘 알야 바로기제 새바라 다바 니라간타 나막 하리나야 마발다 이사미 살발타 사다남 수반 아예염 살바 보다남 바바말아 미수다감 다냐타 옴 아로계 아로가 마지로가 지가란제 혜혜하례 마하모지 사다바 사마라 사마라 하리나야 구로 구로 갈마 사다야 사다야 도로도로 미연제 마하미연제 다라다라 다린나례새바라 자라자라 마라 미마라 아마라 몰제 예혜혜 로계새바라 라아 미사미 나사야 나베 사미사미 나사야 모하 자라 미사미 나사야 호로호로 마라호로 하례 바나마나바 사라사라 시리시리 소로소로 못자못자 모다야 모다야 매다리야 니라간타 가마사 날사남 바라 하라나야 마낙 사바하 싯다야 사바하 마하싯다야 사바하 싯다유예 새바라야 사바하 니라간타야 사바하 바라하 목카싱하 목카야 사바하 바나마 하따야 사바하 자가라 욕다야 사바하 상카 섭나녜 모다나야 사바하 마하라 구타다라야 사바하 바마사간타 이사시체다 가릿나 이나야 사바하 먀가라잘마 이바사나야 사바하 나모라 다나다라 야야 나막알야 바로기제 새바라야 사바하

발원문 : _____   생 성명 : _____   디자인 등록 귀룡문화원

신묘장구대다라니사경 (해인도)

시작 ▷

신묘장구대다라니사경 (해인도)

시작 ▷

나 모 라 다 나 다 라 야 야 나 막 알 약 바 　 모 지 사 다 바 야 마 하 사 다 바 야 마 하
◎ 하 바 사 야 라 바 새 체 기 로 바 야 로 　 야 사 야 나 사 바 이 마 잘 라 가 먀 하 가
하 례 마 하 모 지 사 다 바 사 마 라 알 기 　 라 바 　 사 체 다 가 릿 나 이 나 야 사 바 로
혜 로 구 로 구 야 나 리 하 라 마 사 막 제 새 바 하 사 니 타 간 사 마 바 하 바 사 야 니
혜 갈 마 사 다 야 사 다 야 도 로 도 나 야 야 라 ◎ 야 사 바 하 마 하 라 구 타 다 라 가
제 다 제 연 미 하 마 제 연 미 로 　 　 　 다 나 　 나 다 모 녀 나 섭 카 상 하 바 야
란 라 다 라 다 린 나 례 새 바 라 자 라 자 　 나 모 　 사 바 하 자 가 라 욕 다 야 사 옴
가 지 가 로 지 마 가 로 아 계 미 라 마 라 　 다 라 　 야 리 가 나 라 다 수 예 바 바 살
　 　 　 　 　 　 　 　 　 로 마 　 　 　 　 따 야 　 　 　 　 　 　 　 　 　 　 　
아 미 수 다 감 다 냐 타 옴 아 라 　 쟈 모 　 바 나 마 하 다 사 명 나 막 가 리 다 바 이
말 계 로 헤 헤 예 제 몰 라 마 아 　 못 다 　 하 바 사 야 카 목 하 싱 카 목 하 라 바 맘
바 새 바 라 리 아 미 사 미 나 사 　 쟈 야 　 바 하 니 라 간 타 야 사 바 하 알
바 모 야 사 나 미 사 미 사 베 나 야 못 모 다 야 매 사 야 리 바 새 예 유 다 싣 하 바 야
남 하 자 라 미 사 미 나 사 야 호 로 로 다 발 마 다 다 야 사 바 하 마 하 싣 다 야 사 바
다 마 나 바 례 하 로 호 라 마 로 호 소 이 　 야 리 싣 하 바 사 낙 마 야 나 라 하 라 로
보 남 바 사 라 사 라 시 리 시 리 소 로 사 　 나 야 니 라 간 타 가 마 사 날 사 남 바 기
바 살 염 예 아 반 수 남 다 사 타 발 살 미 　 리 하 막 나 타 간 라 니 바 다 라 바 새 제

발원문: _____　　　생　성명: _____　　　디자인 등록 귀룡문화원

신묘장구대다라니사경 (해인도)

시작 ▷

나모라 다나 다라 야야 나막 알약 바로 기제 새바라 야 모지 사다 바야 마하 사다 바야 마하
하 바사야 라바 새체 기로 바야 로 야 사야 나 사바 이 마 잘라 가 먀 하 가
하 례 먀 하 모지 사다 바 사마라 알 기 리 바 사체 다 가 릿 나 이 나야 사 바 로
혜 로 구로 구야 나리 하라 마사 막 제 새 바 하 사 니타 간 사 마 바 하 바 사 야 니
혜 갈 마 사다 야 사다 야 도 로 도 나 야 야 라 야 사 바 하 마 하 라 구타 다 라 가
제 다 제 연 미 하마 제 연 미 로 다 나 나다 모 녜 나 섭 카 상 하 바 야
란 라 다 라 다 린 나 레 새 바 라 자 라 자 나 모 사 바 하 자 가 라 욕 다 야 사 옴
가 지 가 로 지 마 가 로 아 계 미 라 마 라 다 라 야 라 가 나 라 다 수 예 바 바 살
로 마 따 야
아 미 수 다 감 다 냐 타 옴 아 라 쟈 모 바 나 마 하 다 사 명 나 막 가 리 다 바 이
말 계 로 혜 혜 예 제 몰 라 마 아 못 다 하 바 사 야 카 목 하 싱 카 목 하 리 바 맘
바 새 바 라 라 아 미 사 미 나 사 쟈 야 바 하 니 라 간 타 야 사 바 하 알
바 모 야 사 나 미 사 미 사 베 나 야 못 모 다 야 매 사 야 라 바 새 예 유 다 싣 하 바 야
남 하 자 라 미 사 미 나 사 야 호 로 로 다 발 마 다 야 사 바 하 마 하 싣 다 야 사 바
다 마 나 바 례 하 로 호 라 마 로 호 소 이 야 리 싣 하 바 사 낙 마 야 나 라 하 라 로
보 나 바 사 라 사 라 시 리 시 리 소 로 사 나 야 니 라 간 타 가 마 사 날 사 남 바 기
바 살 염 예 아 반 수 남 다 사 타 발 살 미 리 하 막 나 라 간 라 니 바 다 라 바 새 체

발원문: _____ 생 성명: _____ 디자인 등록 귀룡문화원

신묘장구대다라니사경 (해인도)

시작 ▷

나	모	라	다	나	다	라	야	야	나	막	알	약	바		모	지	사	다	바	야	마	하	사	다	바	야	마	하
◎	하	바	사	야	라	바	새	제	기	로	바	야	로		야	사	야	나	사	바	이	마	잘	라	가	먀	하	가
하	례	마	하	모	지	사	다	바	사	마	라	알	기	라	바	사	체	다	가	릿	나	이	나	야	사	바	로
혜	로	구	로	구	야	나	리	하	리	마	사	막	제	새	바	하	사	니	타	간	사	마	바	하	바	사	야	니
혜	갈	마	사	다	야	사	다	야	도	로	도	나	야	야	라	◎	야	사	바	하	마	하	라	구	타	다	라	가
제	다	제	연	미	하	마	제	연	미	로				다	나		나	다	모	녜	나	섭	카	상	하	바	야
란	라	다	라	다	린	나	례	새	바	라	자	라	자		나 모		사	바	하	자	가	락	욕	다	야	사	옴
가	지	가	로	지	마	가	로	아	계	미	라	마	라		다 라		야	라	가	나	라	다	수	예	바	바	살
								로	마						따 야												

아	미	수	다	감	다	냐	타	옴	아	라		쟈	모	바	나	마	하	다	사	명	나	막	가	리	다	바	이
말	계	로	혜	혜	예	제	몰	라	마	아		못	다	하	바	사	야	카	목	하	싱	카	목	하	라	바	맘
바	새	바	라	라	아	미	사	미	나	사		쟈	야				바	하	니	라	간	타	야	사	바	알	
바	모	야	사	나	미	사	미	사	베	나	야	못	모	다	야	매	사	야	리	바	새	예	유	다	싣	하	바	야
남	하	자	라	미	사	미	나	사	야	호	로	로	다	발	마	다	다	야	사	바	하	마	하	싣	다	야	사	바
다	마	나	바	례	하	로	호	라	마	로	호	소			야	리	싣	하	바	사	낙	마	야	나	라	하	라	로
보	나	바	사	라	사	라	시	리	시	리	소	로	이		나	야	니	라	간	타	가	마	사	날	사	남	바	기
바	살	염	예	아	반	수	남	다	사	타	발	살	사 미		리	하	막	나	타	간	라	니	바	다	라	바	새	제

발원문: _____ 생 성명: _____ 디자인 등록 귀룡문화원

신묘장구대다라니사경 (해인도)

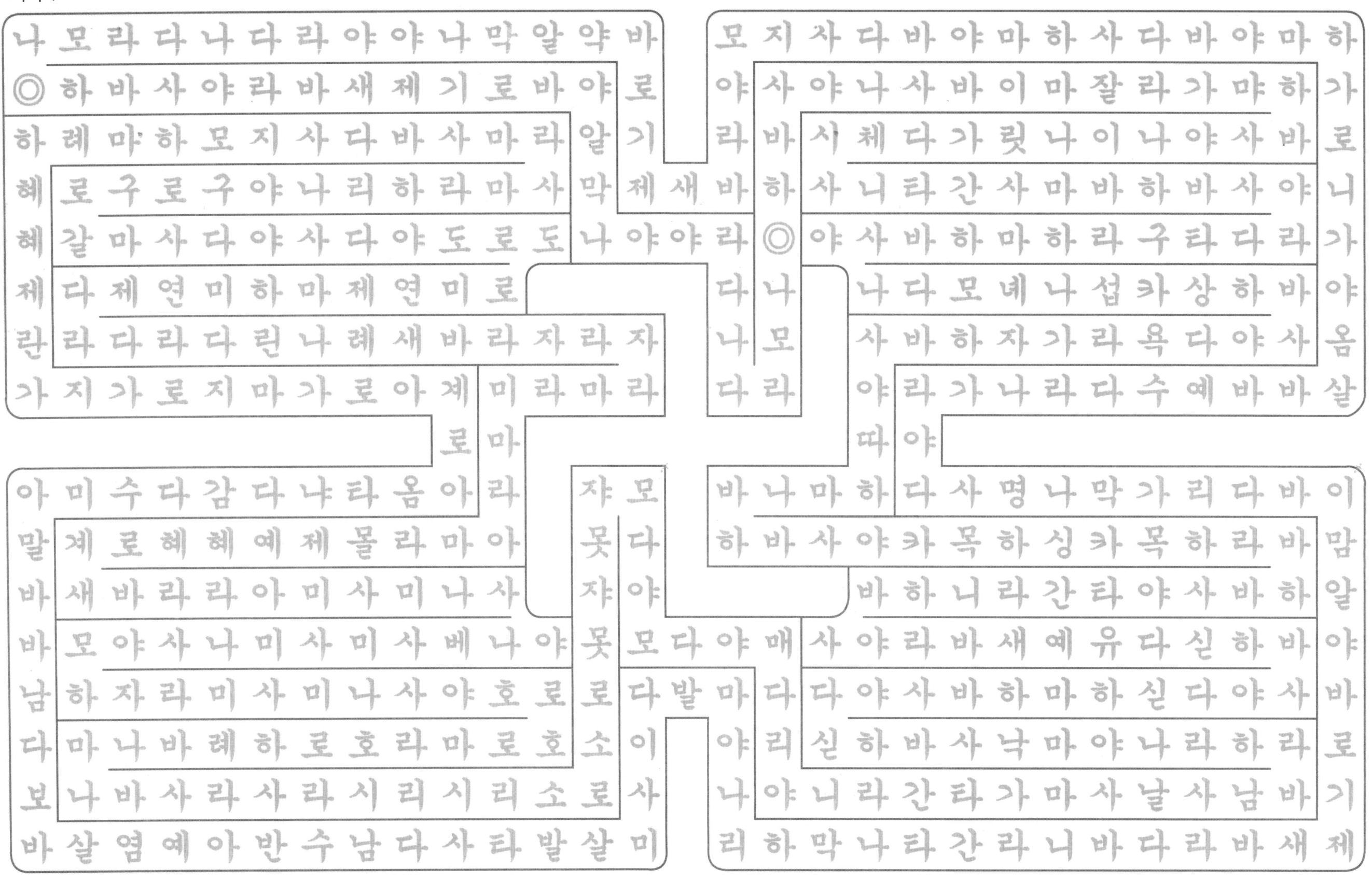

신묘장구대다라니사경 (해인도)

시작 ▷

나	모	라	다	나	다	라	야	야	나	막	알	약	바		모	지	사	다	바	야	마	하	사	다	바	야	마	하
◎	하	바	사	야	라	바	새	체	기	로	바	야	로	야	사	야	나	사	바	이	마	잘	라	가	먀	하	가
하	례	먀	하	모	지	사	다	바	사	마	라	알	기	리	바	사	체	다	가	릿	나	이	나	야	사	바	로
혜	로	구	로	구	야	나	리	하	라	마	사	막	제	새	바	하	사	니	타	간	사	마	바	하	바	사	야	니
혜	갈	마	사	다	야	사	다	야	도	로	도	나	야	야	라	◎	야	사	바	하	마	하	라	구	타	다	라	가
제	다	제	연	미	하	마	제	연	미	로			다	나		나	다	모	녜	나	섭	카	상	하	바	야
란	라	다	라	다	린	나	례	새	바	라	자	라	자		나	모	사	바	하	자	가	라	욕	다	야	사	옴
가	지	가	로	지	마	가	로	아	계	미	라	마	라		다	라	야	라	가	나	라	다	수	예	바	바	살
									로	마					따	야										
아	미	수	다	감	다	냐	타	옴	아	라			쟈	모		바	나	마	하	다	사	명	나	막	가	리	다	바	이
말	계	로	혜	혜	예	제	몰	라	마	아		못	다		하	바	사	야	카	목	하	싱	카	목	하	라	바	맘
바	새	바	라	라	아	미	사	미	나	사		쟈	야		바	하	니	라	간	타	야	사	바	하	알
바	모	야	사	나	미	사	미	사	베	나	야	못	모	다	야	매	사	야	라	바	새	예	유	다	싇	하	바	야
남	하	자	라	미	사	미	나	사	야	호	로	로	다	발	마	다	다	야	사	바	하	마	하	싣	다	야	사	바
다	마	나	바	례	하	로	호	라	마	로	호	소	이		야	리	싣	하	바	사	낙	마	야	나	라	하	라	로
보	나	바	사	라	사	라	시	리	시	리	소	로	사		나	야	니	라	간	타	가	마	사	날	사	남	바	기
바	살	염	예	아	반	수	남	다	사	라	발	살	미		리	하	막	나	타	간	라	니	바	다	라	바	새	체

발원문: _____ 생 성명: _____ 디자인 등록 귀룡문화원

신묘장구대다라니 사경 (해인도)

시작 ▷

나모라 다나다라 야야 나막알약 바로기제새바라야 모지사다바야 마하사다바야 마하가로니가야 옴 살바 바예수 다라나 가라야 다사명 나막 가리다바 이맘 알야 바로기제 새바라 다바 니라간타 나막 하리나야 마발다 이사미 살발타 사다남 수반 아예염 살바 보다남 바바말아 미수다감 다냐타 옴 아로계 아로가 마지로가 지가란제 혜혜하례 마하모지 사다바 사마라 사마라 하리나야 구로구로 갈마 사다야 사다야 도로도로 미연제 마하미연제 다라다라 다린 나례새바라 자라자라 마라 미마라 아마라 몰제예 혜혜 로계새바라 라아 미사미 나사야 나베사 미사미 나사야 모하자라 미사미 나사야 호로호로 마라호로 하례 바나마 나바 사라사라 시리시리 소로소로 못자못자 모다야 모다야 매다리야 니라간타 가마사 날사남 바라 하라나야 마낙 사바하 싯다야 사바하 마하싯다야 사바하 싯다유예 새바라야 사바하 니라간타야 사바하 바라하 목카 싱하목카야 사바하 바나마 하따야 사바하 자가라 욕다야 사바하 상카 섭나녜 모다나야 사바하 마하라 구타다라야 사바하 바마사간타 이사시체다 가릿나 이나야 사바하 먀가라 잘마 이바사나야 사바하 나모라 다나다라 야야 나막알야 바로기제 새바라야 사바하

신묘장구대다라니 사경 (해인도)

시작 ▷

나모라 다나다라 야야 나막알약 바모지 사다바야 마하사다바야 마하가로니가야 옴 살바 바예수 다라나 가라야 다사명 나막 까리다바 이맘 알야 바로기제 새바라 다바 니라간타 나막 하리나야 마발다 이사미 살발타 사다남 수반 아예염 살바 보다남 바바말아 미수다감 다냐타 옴 아로계 아로가 마지로가 지가란제 혜혜 하례 마하모지 사다바 사마라 사마라 하리나야 구로구로 갈마 사다야 사다야 도로도로 미연제 마하 미연제 다라다라 다린 나례 새바라 자라자라 마라 미마라 아마라 몰제 예혜혜 로계 새바라 라아 미사미 나사야 나베사 미사미 나사야 모하 자라 미사미 나사야 호로호로 마라 호로 하례 바나마 나바 사라사라 시리시리 소로소로 못자못자 모다야 모다야 매다리야 니라간타 가마사 날사남 바라 하리나야 마낙 사바하 싯다야 사바하 마하 싯다야 사바하 싯다 유예 새바라야 사바하 니라간타야 사바하 바라하 목카싱카 목카야 사바하 바나마 하따야 사바하 자가라 욕다야 사바하 상카 섭나녜 모다나야 사바하 마하라 구타다라야 사바하 바마사간타 이사 시체다 가릿나이 나야 사바하 먁가라잘마 이바 사나야 사바하 나모라 다나다라 야야 나막알야 바로기제 새바라야 사바하

신묘장구대다라니사경 (해인도)

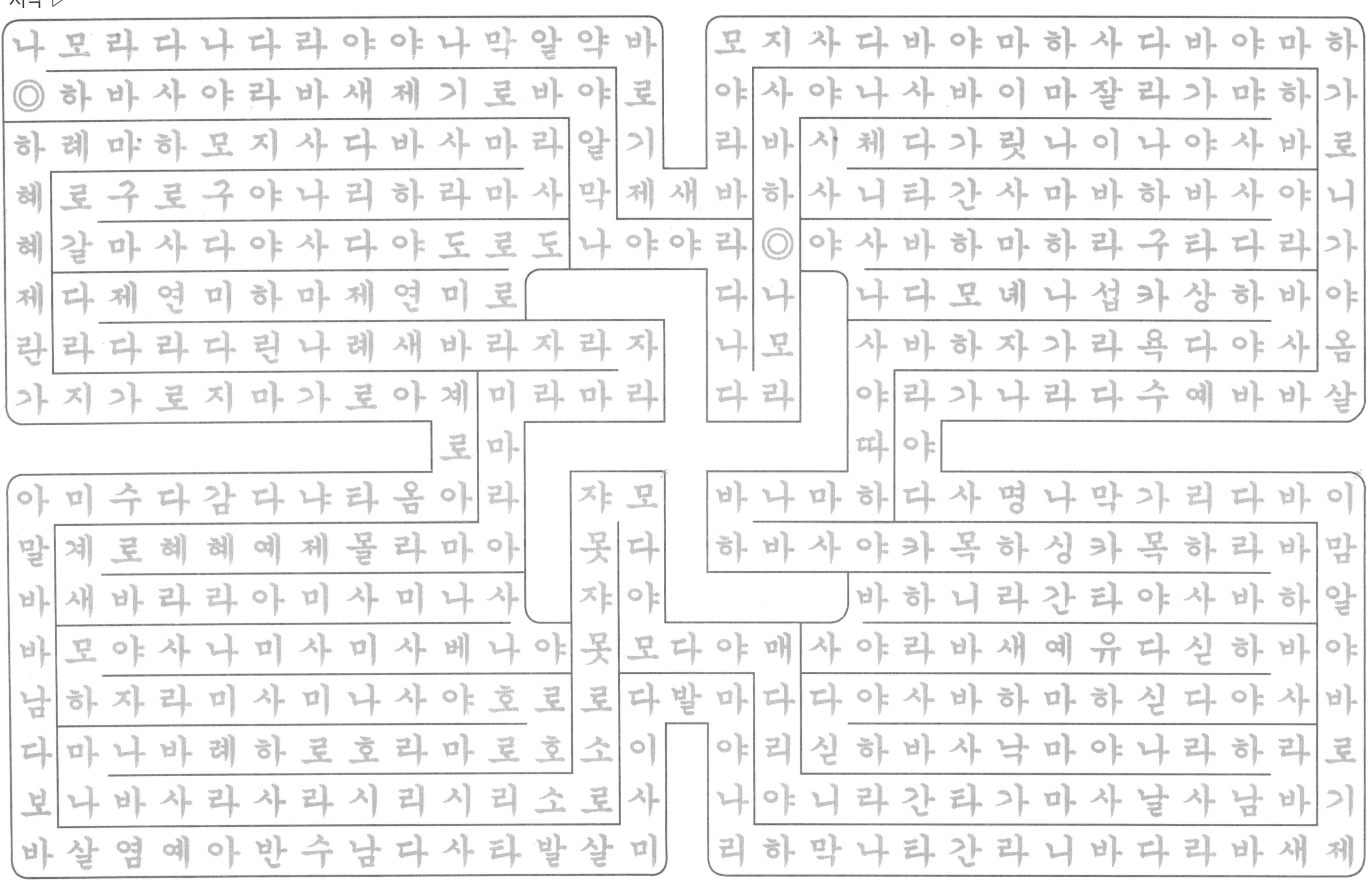

신묘장구대다라니사경 (해인도)

시작 ▷

나모라 다나다라 야야 나막알약 바로기제새바라야 모지사다바야 마하사다바야 마하가로니가야 옴 살바 바예수 다라나 가라야 다사명 나막 가리다바 이맘 알야 바로기제 새바라 다바 니라간타 나막 하리나야 마발다 이사미 살발타 사다남 수반 아예염 살바 보다남 바바말아 미수다감 다냐타 옴 아로계 아로가 마지로가 지가란제 혜혜하례 마하모지 사다바 사마라 사마라 하리나야 구로구로 갈마 사다야 사다야 도로도로 미연제 마하미연제 다라다라 다린 나례 새바라 자라자라 마라 미마라 아마라 몰제 예혜혜 로계새바라 라아 미사미 나사야 나베 사미사미 나사야 모하자라 미사미 나사야 호로호로 마라호로 하례 바나마 나바 사라사라 시리시리 소로소로 못자못자 모다야 모다야 매다리야 니라간타 가마사 날사남 바라 하라나야 마낙 사바하 싯다야 사바하 마하싯다야 사바하 싯다유예 새바라야 사바하 니라간타야 사바하 바라하 목카싱하 목카야 사바하 바나마 하따야 사바하 자가라 욕다야 사바하 상카섭나녜 모다나야 사바하 마하라 구타다라야 사바하 바마사간타 이사시체다 가릿나 이나야 사바하 먀가라잘마 이바사나야 사바하 나모라 다나다라 야야 나막알야 바로기제 새바라야 사바하

발원문 : _____ 생 성명 : _____ 디자인 등록 귀룡문화원

신묘장구대다라니사경 (해인도)

신묘장구대다라니 사경 (해인도)

시작 ▷

나모라 다나다라 야야 나막알약 바로기제새바라야 모지사다바야 마하사다바야 마하가로니가야 옴 살바 바예수 다라나 가라야 다사명 나막 가리다바 이맘 알야 바로기제 새바라 다바 니라간타 나막 하리나야 마발다 이사미 살발타 사다남 수반 아예염 살바 보다남 바바말아 미수다감 다냐타 옴 아로계 아로가 마지로가 지가란제 혜혜 하례 마하모지 사다바 사마라 사마라 하리나야 구로구로 갈마 사다야 사다야 도로도로 미연제 마하미연제 다라다라 다린 나례새바라 자라자라 마라 미마라 아마라 몰제 예혜혜 로계새바라 라아 미사미 나사야 나베 사미사미 나사야 모하 자라 미사미 나사야 호로호로 마라호로 하례 바나마 나바 사라사라 시리시리 소로소로 못자못자 모다야 모다야 매다리야 니라간타 가마사 날사남 바라 하리나야 마낙 사바하 싣다야 사바하 마하 싣다야 사바하 싣다 유예 새바라야 사바하 니라간타야 사바하 바라하 목카 싱하 목카야 사바하 바나마 하따야 사바하 자가라 욕다야 사바하 상카 섭나녜 모다나야 사바하 마하라 구타다라야 사바하 바마사간타 이사시체다 가릿나 이나야 사바하 먀가라 잘마 이바사나야 사바하 나모라 다나다라 야야 나막알야 바로기제 새바라야 사바하

발원문 : _____ 생 성명 : _____ 디자인 등록 귀룡문화원

신묘장구대다라니사경 (해인도)

시작 ▷

나모라 다나 다라 야야 나막 알약 바로 기제 새바라 야 모지 사다 바야 마하 사다 바야 마하 가로 니가 야 옴 살바 바예 수 다라 나 가라 야 다사 명 나막 가리 다바 이맘 알야 바로 기제 새바라 다바 니라 간타 나막 하리 나야 마발 다이사미 살발타 사다 남 수반 아예염 살바 보다남 바바말아 미수다감 다냐타 옴 아로계 아로가 마지로가 지가란제 혜혜 하례 마하 모지 사다바 사마라 사마라 하리나야 구로 구로 갈마 사다야 사다야 도로도로 미연제 마하 미연제 다라 다라 다린 나례 새바라 자라 자라 마라 미마라 아마라 몰제 예혜혜 로계 새바라 라아 미사미 나사야 나베 사미사미 나사야 모하 자라 미사미 나사야 호로 호로 마라 호로 하례 바나 마나바 사라 사라 시리 시리 소로 소로 못자 못자 모다야 모다야 매다리야 니라간타 가마사 날사남 바라 하라나야 마낙 사바하 싯다야 사바하 마하 싯다야 사바하 싯다유예 새바라야 사바하 니라간타야 사바하 바라하 목카싱하 목카야 사바하 바나마 하따야 사바하 자가라 욕다야 사바하 상카섭나네 모다나야 사바하 마하라 구타다라야 사바하 바마사간타 이사시체다 가릿나 이나야 사바하 먀가라잘마 이바 사나야 사바하 나모라 다나 다라야야 나막 알야 바로기제 새바라야 사바하

발원문: _____ ___생 성명: _____ 디자인 등록 귀룡문화원

신묘장구대다라니사경 (해인도)

신묘장구대다라니사경 (해인도)

시작 ▷

나모라다나다라야야나막알약바모지사다바야마하사다바야마하
하바사야라바새체기로바야야사야나사바이마잘라가마하가
하례마하모지사다바사마락알기리바사체다가릿나이나야사바로
헤로구로구야나리하라마사막제새바하사니라간사마바하바사야니
혜갈마사다야사다야도로도나야야라야사바하마하라구라다라가
제다제연미하마제연미로다나다모녜나섭카상하바야
란라다라다린나례새바라자라자나모사바하자가라욕다야사옴
가지가로지마가로아계미라마라다라야라가나라다수예바바살
로마따야
아미수다감다냐타옴아라쟈모바나마하다사명나막가리다바이
말계로혜혜예제몰라마아못다하바사야카목하싱카목하라바맘
바새바라라아미사미나사쟈야바하니라간타야사바하알
바모야사니미사미사베나야못모다야매사야라바새예유다신하바야
남하자라미사미나사야호로로다발마다다야사바하마하신다야사바
다마나바례하로호라마로호소이야리신하바사낙마야나라하라로
보나바사라사라시리시리소로사나야니라간타가마사날사남바기
바살염예아반수남다사타발살미리하막나타간리니바다라바새제

발원문: _____ 생 성명: _____ 디자인 등록 귀룡문화원

신묘장구대다라니사경 (해인도)

시작 ▷

나모라 다나다라 야야 나막알약 바로기제새바라야 모지사다바야 마하사다바야 마하가로니가야 옴 살바 바예수 다라나 가라야 다사명 나막 가리다바 이맘 알야 바로기제 새바라 다바 니라간타 나막 하리나야 마발다 이사미 살발타 사다남 수반 아예염 살바 보다남 바바말아 미수다감 다냐타 옴 아로계 아로가 마지로가 지가란제 혜혜하례 마하모지 사다바 사마라 사마라 하리나야 구로구로 갈마 사다야 사다야 도로도로 미연제 마하 미연제 다라다라 다린나례 새바라 자라자라 마라 미마라 아마라 몰제 예혜혜 로계새바라 라아미사미 나사야 나베사 미사미 나사야 모하자라 미사미 나사야 호로호로 마라호로 하례 바나마 나바 사라사라 시리시리 소로소로 못자못자 모다야 모다야 매다리야 니라간타 가마사 날사남 바라하리나야 마낙 사바하 싯다야 사바하 마하싯다야 사바하 싯다유예 새바라야 사바하 니라간타야 사바하 바라하 목하싱하 목하야 사바하 바나마하따야 사바하 자가라 욕다야 사바하 상카섭나녜 모다나야 사바하 마하라 구타다라야 사바하 바마사간타 이사시체다 가릿나이나야 사바하 먀가라잘마 이바사나야 사바하 나모라 다나다라 야야 나막알야 바로기제 새바라야 사바하

발원문:_____ 생 성명:_____ 디자인 등록 귀룡문화원

신묘장구대다라니사경 (해인도)

시작 ▷

신묘장구대다라니 사경 (해인도)

시작 ▷

나모라 다나다라 야야 나막알약 바로기제새바라야 모지사다바야 마하사다바야 마하가로니가야 옴 살바 바예수 다라나 가라야 다사명 나막 까리다바 이맘 알야 바로기제 새바라 다바 니라간타 나막 하리나야 마발다 이사미 살발타 사다남 수반 아예염 살바 보다남 바바말아 미수다감 다냐타 옴 아로계 아로가 마지로가 지가란제 혜혜하례 마하모지 사다바 사마라 사마라 하리나야 구로구로 갈마 사다야 사다야 도로도로 미연제 마하미연제 다라다라 다린나례 새바라 자라자라 마라 미마라 아마라 몰제 예혜혜 로계새바라 라아미사미 나사야 나베사미사미 나사야 모하자라 미사미 나사야 호로호로 마라호로 하례 바나마 나바 사라사라 시리시리 소로소로 못자못자 모다야 모다야 매다리야 니라간타 가마사 날사남 바라하리 나야 마낙 사바하 싯다야 사바하 마하 싯다야 사바하 싯다유예 새바라야 사바하 니라간타야 사바하 바라하 목카 싱하 목카야 사바하 바나마 하따야 사바하 자가라 욕다야 사바하 상카 섭나 녜 모다나야 사바하 마하라 구타다라야 사바하 바마사간타 이사 시체다 가릿나 이나야 사바하 먀가라 잘마이바 사나야 사바하 나모라 다나다라 야야 나막알야 바로기제 새바라야 사바하

발원문 : _____ 생 성명 : _____ 디자인 등록 귀룡문화원

신묘장구대다라니사경 (해인도)

시작 ▷

나모라다나다라야야나막알약바　　　　모지사다바야마하사다바야마하
◎하바사야라바새제기로바야로　　야 사야나사바이마잘라가먀하가
하례마하모지사다바사마라알기　라바 사체다가릿나이나야사바로
혜로구로구야나리하라마사 막제새바 하 사니라간사마바하바사야니
혜갈마사다야사다야도로도 나야야라 ◎야사바하마하라구타다라가
제다제연미하마제연미로　　　　　다나 나다모녜나섭카상하바야
란라다라다린나례새바라자라자　　나모 사바하자가라욕다야사옴
가지가로지마가로아계미라마라　　다라 야라가나라다수예바바살
　　　　　　　　로마　　　　　　　따야

아미수다감다냐타옴아라 　쟈모 　바나마하다사명나막가리다바이
말계로혜혜예제몰라마아 못다 하바사야카목하싱카목하라바맘
바새바라라아미사미나사 쟈야 바하니라간타야사바하알
바모야사나미사미사베나야못모다야매사야라바새예유다싣하바야
남하자라미사미나사야호로로다발마다다야사바하마하싣다야사바
다마나바례하로호라마로호소이 야리싣하바사낙마야나라하라로
보나바사라사라시리시리소로사 나야니라간타가마사날사남바기
바살염예아반수남다사타발살미 　리하막나라간리나바다라바새체

발원문: _____　　생　성명: _____　　디자인 등록 귀룡문화원

신묘장구대다라니사경 (해인도)

시작 ▷

나모라다나다라야야나막알약바모지사다바야마하사다바야마하
◎하바사야라바새제기로바야로야사야나사바이마잘라가먀하가
하례마하모지사다바사마라알기라바사체다가릿나이나야사바로
혜로구로구야나리하라마사막제새바하사니타간사마바하바사야니
혜갈마사다야사다야도로도나야야라◎야사바하마하리구라다라가
제다제연미하마제연미로다나나다모녜나섭카싱하바야
란라다라다린나례새바라자라자나모사바하자가라욕다야사옴
가지가로지마가로아계미라마라다라야라가나라다수예바바살
로마따야
아미수다감다냐라옴아라쟈모바나마하다사명나막가리다바이
말계로혜혜예체몰라마아못다하바사야카목하싱카목하라바맘
바새바라라아미사미나사쟈야바하니라간타야사바하알
바모야사나미사미사베나야못모다야매사야라바새예유다신하바야
남하자라미사미나사야호로로다발마다다야사바하마하신다야사바
다마나바례하로호라마로호소이야리신하바사낙마야나라하라로
보나바사라사라시리시리소로사나야니라간타가마사날사남바기
바살염예아반수남다사라발살미리하막나타간라니바다라바새제

발원문: _____ 생 성명: _____ 디자인 등록 귀룡문화원

신묘장구대다라니사경 (해인도)

시작 ▷

나모라 다나다라 야야 나막알약 바로기제새바라야 모지사다바야 마하사다바야 마하가로니가야 옴 살바 바예수 다라나 가라야 다사명 나막 까리다바 이맘 알야 바로기제 새바라 다바 니라간타 나막 하리나야 마발다 이사미 살발타 사다남 수반 아예염 살바 보다남 바바말아 미수다감 다냐타 옴 아로계 아로가 마지로가 지가란제 혜혜하례 마하모지 사다바 사마라 사마라 하리나야 구로구로 갈마 사다야 사다야 도로도로 미연제 마하미연제 다라다라 다린 나례새바라 자라자라 마라 미마라 아마라 몰제 예혜혜 로계새바라 라아 미사미 나사야 나베 사미사미 나사야 모하자라 미사미 나사야 호로호로 마라호로 하례 바나마 나바 사라사라 시리시리 소로소로 못쟈못쟈 모다야 모다야 매다리야 니라간타 가마사 날사남 바라 하라나야 마낙 사바하 싯다야 사바하 마하싯다야 사바하 싯다유예 새바라야 사바하 니라간타야 사바하 바라하 목카싱하 목카야 사바하 바나마 하따야 사바하 자가라 욕다야 사바하 상카 섭나녜 모다나야 사바하 마하라 구타다라야 사바하 바마사간타 이사시체다 가릿나 이나야 사바하 먀가라 잘마 이바사나야 사바하 나모라 다나다라 야야 나막알야 바로기제 새바라야 사바하

발원문 : _____ 생 성명: _____ 디자인 등록 귀룡문화원

신묘장구대다라니사경 (해인도)

시작 ▷

나모라 다나 다라 야야 나막 알약 바 모 지 사다 바야 마하 사다 바야 마하
◎ 하 바 사야라 바 새체 기로 바야 로 야 사 야 나 사 바 이 마 잘 라 가 먀 하 가
하 례 먀 하 모 지 사 다 바 사 마 라 알 기 라 바 사 체 다 가 릿 나 이 나 야 사 바 로
혜 로 구 로 구 야 나 리 하 라 마 사 막 제 새 바 하 사 니 타 간 사 마 바 하 바 사 야 니
혜 갈 마 사 다 야 사 다 야 도 로 도 나 야 야 라 ◎ 야 사 바 하 마 하 리 구 타 다 라 가
제 다 제 연 미 하 마 제 연 미 로 다 나 나 다 모 녜 나 섭 카 상 하 바 야
란 라 다 라 다 린 나 례 새 바 라 자 라 자 나 모 사 바 하 자 가 라 욕 다 야 사 옴
가 지 가 로 지 마 가 로 아 계 미 라 마 라 다 라 야 라 가 나 라 다 수 예 바 바 살
로 마 따 야

아 미 수 다 감 다 냐 타 옴 아 라 쟈 모 바 나 마 하 다 사 명 나 막 가 리 다 바 이
말 계 로 혜 혜 예 제 몰 라 먀 아 못 다 하 바 사 야 카 목 하 싱 카 목 하 라 바 맘
바 새 바 라 라 아 미 사 미 나 사 쟈 야 바 하 니 라 간 타 야 사 바 하 알
바 모 야 사 나 미 사 미 사 베 나 야 못 모 다 야 매 사 야 라 바 새 예 유 다 싣 하 바 야
남 하 자 라 미 사 미 나 사 야 호 로 다 발 마 다 야 사 바 하 마 하 싣 다 야 사 바
다 마 나 바 례 하 로 호 라 마 로 호 소 이 야 리 싣 하 바 사 낙 마 야 나 라 하 라 로
보 남 바 사 라 사 라 시 리 시 리 소 로 사 나 야 니 라 간 타 가 마 사 날 사 남 바 기
바 살 염 예 아 반 수 남 다 사 라 발 살 미 리 하 막 나 타 간 라 니 바 다 라 바 새 체

발원문: _____ 생 성명: _____ 디자인 등록 귀룡문화원

신묘장구대다라니사경 (해인도)

시작 ▷

나모라 다나다라 야야 나막알약 바로기제새바라야 모지사다바야 마하사다바야 마하가로니가야 옴 살바 바예수 다라나 가라야 다사명 나막 가리다바 이맘 알야 바로기제 새바라 다바 니라간타 나막 하리나야 마발다 이사미 살발타 사다남 수반 아예염 살바 보다남 바바말아 미수다감 다냐타 옴 아로계 아로가 마지로가 지가란제 혜혜 하례 마하모지 사다바 사마라 사마라 하리나야 구로 구로 갈마 사다야 사다야 도로도로 미연제 마하 미연제 다라다라 다린나례 새바라 자라자라 마라 미마라 아마라 몰제 예혜혜 로계새바라 라아 미사미 나사야 나베 사미사미 나사야 모하자라 미사미 나사야 호로호로 마라호로 하례 바나마 나바 사라사라 시리시리 소로소로 못자못자 모다야 모다야 매다리야 니라간타 가마사 날사남 바라 하라나야 마낙 사바하 싯다야 사바하 마하싯다야 사바하 싯다유예 새바라야 사바하 니라간타야 사바하 바라하 목하싱카목하 목카야 사바하 바나마 하따야 사바하 자가라 욕다야 사바하 상카섭나네 모다나야 사바하 마하라 구타다라야 사바하 바마사간타 이사시체다 가릿나 이나야 사바하 먀가라 잘마이바 사나야 사바하 나모라 다나다라 야야 나막알야 바로기제 새바라야 사바하

발원문 : _____ ○○생 성명 : _____ 디자인 등록 귀룡문화원

신묘장구대다라니사경 (해인도)

신묘장구대다라니사경 (해인도)

시작 ▷

나모라 다나다라 야야 나막알약 바로기제새바라야 모지사다바야 마하사다바야 마하가로니가야 옴 살바 바예수 다라나 가라야 다사명 나막 가리다바 이맘 알야 바로기제 새바라 다바 니라간타 나막 하리나야 마발다 이사미 살발타 사다남 수반 아예염 살바 보다남 바바말아 미수다감 다냐타 옴 아로계 아로가 마지로가 지가란제 혜혜하례 마하모지 사다바 사마라 사마라 하리나야 구로구로 갈마 사다야 사다야 도로도로 미연제 마하미연제 다라다라 다린나례새바라 자라자라 마라 미마라 아마라 몰제 예혜혜 로계새바라 라아 미사미 나사야 나베 사미사미 나사야 모하 자라 미사미 나사야 호로호로 마라호로 하례 바나마나바 사라사라 시리시리 소로소로 못자못자 모다야 모다야 매다리야 니라간타 가마사 날사남 바라 하리나야 마낙 사바하 싯다야 사바하 마하싯다야 사바하 싯다유예새바라야 사바하 니라간타야 사바하 바라하 목카싱하 목카야 사바하 바나마 하따야 사바하 자가라 욕다야 사바하 상카섭나네 모다나야 사바하 마하라 구타다라야 사바하 바마사간타 이사시체다 가릿나 이나야 사바하 먀가라잘마 이바사나야 사바하 나모라 다나다라 야야 나막알야 바로기제 새바라야 사바하

발원문 : _____ 생 성명 : _____ 디자인 등록 귀룡문화원

신묘장구대다라니사경 (해인도)

시작 ▷

나모라 다나다라 야야 나막알약 바로기제새바라야 모지사다바야 마하사다바야 마하가로니가야 옴 살바 바예수 다라나 가라야 다사명 나막 가리다바 이맘 알야 바로기제 새바라 다바 이라간타 나막 하리나야 마발다 이사미 살발타 사다남 수반 아예염 살바 보다남 바바말아 미수다감 다냐타 옴 아로계 아로가 마지로가 지가란제 혜혜 하례 마하모지 사다바 사마라 사마라 하리나야 구로구로 갈마 사다야 사다야 도로도로 미연제 마하미연제 다라다라 다린나례새바라 자라자라 마라 미마라 아마라 몰제예 혜혜 로계새바라 라아 미사미 나사야 나베사 미사미 나사야 모하자라 미사미 나사야 호로호로 마라호로 하례 바나마 나바 사라사라 시리시리 소로소로 못자못자 모다야 모다야 매다리야 니라간타 가마사 날사남 바라 하리나야 마낙 사바하 싣다야 사바하 마하싣다야 사바하 싣다유예 새바라야 사바하 니라간타야 사바하 바라하 목카싱하 목카야 사바하 바나마 하따야 사바하 자가라 욕다야 사바하 상카섭나네 모다나야 사바하 마하라 구타다라야 사바하 바마사간타 이사시체다 가릿나 이나야 사바하 먀가라잘마 이바사나야 사바하

나모라 다나다라 야야 나막알야 바로기제 새바라야 사바하

발원문: _____   생 성명: _____   디자인 등록 귀룡문화원

신묘장구대다라니사경 (해인도)

시작 ▷

나모라 다나다라 야야 나막알약 바로기제새바라야 모지사다바야 마하사다바야 마하가로니가야 옴 살발타사다남 수반아예염 살바보다남 바바말아 미수다감 다냐타 옴 아로계 아로가 마지로가 지가란제 혜혜하례 마하모지사다바 사마라 사마라 하리나야 구로구로 갈마 사다야 사다야 도로도로 미연제 마하미연제 다라다라 다린나례새바라 자라자라 마라 미마라 아마라 몰제예 혜혜 로계새바라 라아 미사미 나사야 나베사미사미 나사야 모하자라 미사미 나사야 호로호로 마라호로 하례 바나마 나바 사라사라 시리시리 소로소로 못쟈못쟈 모다야 모다야 매다리야 니라간타 가마사 날사남 바라하 리나야 마낙 사바하 싯다야 사바하 마하싯다야 사바하 싯다유예 새바라야 사바하 니라간타야 사바하 바라하 목하싱카목하 라야 사바하 바마사간타 이사시체다 가릿나 이나야 사바하 먀가라잘마 니바사나야 사바하 나모라 다나다라야야 나막알야 바로기제 새바라야 사바하

발원문: _____ 생 성명: _____ 디자인 등록 귀룡문화원

신묘장구대다라니사경 (해인도)

신묘장구대다라니사경 (해인도)

시작 ▷

나모라 다나다라 야야 나막알약 바로기제새바라야 모지사다바야 마하사다바야 마하가로니가야 옴살바 바예수 다라나 가라야 다사명 나막 까리다바 이맘알야 바로기제 새바라 다바 니라간타 나막 하리나야 마발다 이사미 살발타 사다남 수반 아예염 살바 보다남 바바말아 미수다감 다냐타 옴 아로계 아로가 마지로가 지가란제 혜혜하례 마하모지 사다바 사마라 사마라 하리나야 구로구로 갈마 사다야 사다야 도로도로 미연제 마하 미연제 다라다라 다린 나례새바라 자라자라 마라 미마라 아마라 몰제 예혜혜 로계새바라 라아 미사미 나사야 나베 사미사미 나사야 모하자라 미사미 나사야 호로호로 마라호로 하례바 나마나바 사라사라 시리시리 소로소로 못쟈못쟈 모다야 모다야 매다리야 니라간타 가마사 날사남 바라 하라나야 마낙 사바하 싯다야 사바하 마하싯다야 사바하 싯다유예 새바라야 사바하 니라간타야 사바하 바라하 목카 싱하 목카야 사바하 바나마 하따야 사바하 자가라 욕다야 사바하 상카 섭나네 모다나야 사바하 마하라 구타다라야 사바하 바마사간타 이사시체다 가릿나 이나야 사바하 먀가 라잘마 이바사나야 사바하 나모라 다나다라 야야 나막알야 바로기제 새바라야 사바하

발원문: _____   생 성명: _____   디자인 등록 귀룡문화원

신묘장구대다라니사경 (해인도)

신묘장구대다라니사경 (해인도)

시작 ▷

신묘장구대다라니사경 (해인도)

시작 ▷

신묘장구대다라니사경 (해인도)

시작 ▷

나모라 다나다라 야야 나막 알약 바로기제 새바라야 모지 사다바야 마하 사다바야 마하가로 니가야 옴 살바 바예수 다라나 가라야 다사명 나막 가리다바 이맘 알야 바로기제 새바라 다바 니라간타 나막 하리나야 마발다 이사미 살발타 사다남 수반 아예염 살바 보다남 바바말아 미수다감 다냐타 옴 아로계 아로가 마지로가 지가란제 혜혜 하례 마하모지 사다바 사마라 사마라 하리나야 구로구로 갈마 사다야 사다야 도로도로 미연제 마하미연제 다라다라 다린 나례새바라 자라자라 마라 미마라 아마라 몰제 예혜혜 로계새바라 라아 미사미 나사야 나베 사미사미 나사야 모하자라 미사미 나사야 호로호로 마라호로 하례 바나마 나바 사라사라 시리시리 소로소로 못자못자 모다야 모다야 매다리야 니라간타 가마사 날사남 바라 하라나야 마낙 사바하 싯다야 사바하 마하싯다야 사바하 싯다유예 새바라야 사바하 니라간타야 사바하 바라하 목카 싱하 목카야 사바하 바나마 하따야 사바하 자가라 욕다야 사바하 상카섭나녜 모다나야 사바하 마하라 구타다라야 사바하 바마사간타 이사시체다 가릿나 이나야 사바하 먀가라 잘마 이바사나야 사바하 나모라 다나다라 야야 나막 알야 바로기제 새바라야 사바하

발원문: _____ 생 성명: _____ 디자인 등록 귀룡문화원

신묘장구대다라니 사경 (해인도)

시작 ▷

나모라 다나다라 야야 나막알약 바로기제새바라야 모지사다바야 마하사다바야 마하가로니가야 옴 살바 바예수 다라나 가라야 다사명 나막 가리다바 이맘 알야 바로기제 새바라 다바 니라간타 나막 하리나야 마발다 이사미 살발타 사다남 수반 아예염 살바 보다남 바바말아 미수다감 다냐타 옴 아로계 아로가 마지로가 지가란제 혜혜하례 마하모지 사다바 사마라 사마라 하리나야 구로구로 갈마 사다야 사다야 도로도로 미연제 마하미연제 다라다라 다린나례새바라 자라자라 마라 미마라 아마라 몰제 예혜혜 로계새바라 라아 미사미 나사야 나베 사미사미 나사야 모하자라 미사미 나사야 호로호로 마라호로 하례 바나마 나바 사라사라 시리시리 소로소로 못쟈못쟈 모다야 모다야 매다리야 니라간타 가마사 날사남 바라 하리나야 마낙 사바하 싯다야 사바하 마하싯다야 사바하 싯다유예 새바라야 사바하 니라간타야 사바하 바라하 목하싱하 목하야 사바하 바나마 하따야 사바하 자가라 욕다야 사바하 상카섭나녜 모다나야 사바하 마하라 구타다라야 사바하 바마사간타 이사시체다 가릿나 이나야 사바하 먀가라잘마 이바사나야 사바하 나모라 다나다라 야야 나막알야 바로기제 새바라야 사바하

발원문 :　　　　　　　　　　　　　　　　　　　生　성　명：　　　　　　디자인 등록 귀룡문화원

신묘장구대다라니사경 (해인도)

시작 ▷

나모라 다나다라 야야 나막알약 바 모지 사다바야 마하 사다바야 마하
하 바사야 라바새 체기로 바야로 야 사야나 사바이마 잘라 가마하가
하례마하 모지사다바 사마라 알기 라바 사체다 가릿나 이나야 사바로
혜 로구로 구야 나리하라 마사 막제새바 하 사니라간 사마바하 바사야니
혜 갈마사다 야사 다야 도로도 나야야리 야사바하 마하라 구라다라 가
제다 제연미하 마제연미로 다나 나다모네 나섭카 상하바야
란라 다라 다린나 례새 바라 자라자 나모 사바하 자가라 욕다야 사옴
가 지가 로지 마가 로아 제미리 마라 다라 야리 가나라다 수예 바바 살
로마 따야
아미 수다감 다나 타옴 아라 쟈 모 바나 마하 다사 명나막 가리 다바이
말 계 로혜혜 예제 몰라 마아 못다 하 바사야 카목하 싱카목 하라 바맘
바 새 바라라 아미사 미나사 쟈야 바하니라 간타야 사바하 알
바 모야사 나미사 미사 베나야 못 모다야 매사 야라바새 예유다 실하 바야
남 하자라 미사 미나사야 호로로 다발마다 다야 사바하 마하실 다야 사바
다 마나 바례하로 호라마로 호소 이 야리 실하바사 낙마야 나리 하라 로
보 나 바사라 사라 시리 시리 소로 사 나야 니라 간타 가마사 날사 남바 기
바 살염 예아 반수남 다사라 발살 미 리하 막나타 간리 나바 다라 바새 제

발원문: _____ 생 성명: _____ 디자인 등록 귀룡문화원

신묘장구대다라니사경 (해인도)

시작 ▷

신묘장구대다라니 사경 (해인도)

시작 ▷

신묘장구대다라니사경 (해인도)

시작 ▷

나모라 다나다라 야야 나막알약 바로기제새바라야 모지사다바야 마하사다바야 마하가로니가야 옴 살바 바예수 다라나 가라야 다사명 나막 까리다바 이맘 알야 바로기제 새바라 다바 니라간타 나막 하리나야 마발다 이사미 살발타 사다남 수반 아예염 살바 보다남 바바말아 미수다감 다냐타 옴 아로계 아로가 마지로가 지가란제 혜혜하례 마하모지 사다바 사마라 사마라 하리나야 구로구로 갈마 사다야 사다야 도로도로 미연제 마하미연제 다라다라 다린나례 새바라 자라자라 마라 미마라 아마라 몰제예 혜혜 로계새바라 라아 미사미 나사야 나베 사미사미 나사야 모하자라 미사미 나사야 호로호로 마라호로 하례 바나마 나바 사라사라 시리시리 소로소로 못쟈못쟈 모다야 모다야 매다리야 니라간타 가마사 날사남 바라 하라나야 마낙 사바하 싣다야 사바하 마하싣다야 사바하 싣다유예 새바라야 사바하 니라간타야 사바하 바라하 목카싱하 목카야 사바하 바나마 하따야 사바하 자가라 욕다야 사바하 상카 섭나녜 모다나야 사바하 마하라 구타다라야 사바하 바마사간타 이사시체다 가릿나 이나야 사바하 먀가라 잘마 이바사나야 사바하 나모라 다나다라 야야 나막알야 바로기제 새바라야 사바하

발원문: _____ 생 ____ 성명: _____ 디자인 등록 귀룡문화원